国家社会科学基金一般项目“非英语专业大学生通用学术词表创建与应用研究”
（编号：18BYY107）阶段性成果

非习语程式语与学术写作语言产出研究

马　蓉◎著

科学出版社
北京

内 容 简 介

本书基于英语专业硕士学位论文的自建学习者学术写作语料库，采用定量与定性混合设计方法，探讨非习语程式语的使用频率、结构类型和语篇功能对中国英语学习者学术写作语言产出的影响。本书探讨了硕士生在英语学术写作中的程式语使用整体特征和个体特征，深入分析了程式语的使用与学术写作复杂性、准确性和流利性的关系，并验证了写作的复杂性、准确性和流利性测量指标的效度。研究结果可为二语习得领域的程式语研究和学术写作研究提供理论借鉴和实证支持，同时为中国英语学习者的程式语运用能力的发展提出有益的启示。

本书可供对程式语研究感兴趣的同行学者和研究生阅读和参考，用以了解非习语程式语对书面语语境语言产出的复杂性、准确性和流利性的影响。

图书在版编目（CIP）数据

非习语程式语与学术写作语言产出研究 / 马蓉著. —北京：科学出版社，2020.11

ISBN 978-7-03-066735-9

Ⅰ. ①非… Ⅱ. ①马… Ⅲ. ①英语-写作-研究 Ⅳ. ①H315

中国版本图书馆 CIP 数据核字（2020）第 216057 号

责任编辑：常春娥 宋 丽 / 责任校对：贾伟娟

责任印制：徐晓晨 / 封面设计：蓝正设计

科学出版社 出版

北京东黄城根北街 16 号

邮政编码：100717

http://www.sciencep.com

北京盛通商印快线网络科技有限公司 印刷

科学出版社发行 各地新华书店经销

*

2020 年 11 月第 一 版 开本：720×1000 B5

2021 年 1 月第二次印刷 印张：11 3/4

字数：200 000

定价：98.00 元

界定不一，不同研究的可比性并不强，因此学者们呼吁对程式语进行分类研究，以便深入、系统地探讨各类程式语（李更春，2014）。

近些年来，非习语程式语的研究成果颇丰，但相关研究仍需拓展与深入。一是需要扩展研究对象范围，以英语为外语的高水平学习者应该得到重视；二是需要深化研究内容。鉴于非习语程式语在学术写作中发挥的重要作用，且产出练习比识别练习更有利于程式语的习得（Peter & Pauwels，2015），我们应在前人研究的基础上，继续探讨非习语程式语对学术写作语言产出的影响，以推进程式语在书面语语境中的习得研究。

本书基于英语专业学生 100 篇硕士论文的自建学习者学术写作语料库，探讨了非习语程式语的使用频率、结构类型和语篇功能对中国英语学习者学术写作语言产出的影响，并深入分析了程式语的使用与学术写作的复杂性、准确性、流利性的关系。本书具体回答了五个研究问题：①学术写作中非习语程式语的使用频率、结构类型、语篇功能等使用特征如何？②非习语程式语的使用特征对学术写作复杂性的影响如何？③非习语程式语的使用特征对学术写作准确性的影响如何？④非习语程式语的使用特征对学术写作流利性的影响如何？⑤学术写作语言产出维度之间存在何种关系，以及程式语的使用频率能否调节这种关系？

本书分为 10 章。第 1 章是绪论，包括非习语程式语的相关概念界定和国内外学术史梳理。第 2 章回顾程式语频率、结构与功能研究。第 3 章综述应用语言学领域的语言产出研究。第 4 章介绍本书的研究方法，包括以下内容：学习者学术写作语料库的创建，程式语的识别及频率计算，程式语的结构类型编码及语篇功能编码，写作复杂性、准确性和流利性的测量，以及数据收集与分析方法等。第 5 章从使用频率、结构类型和语篇功能三个方面分析讨论学术写作中的非习语程式语的使用特征及其原因。第 6 章分析讨论非习语程式语对学术写作复杂性的影响。第 7 章分析讨论非习语程式语对学术写作准确性的影响。第 8 章分析讨论非习语程式语对学术写作流利性的影响。第 9 章分析讨论学术写作复杂性、准确性、流利性之间的关系。第 10 章总结非习语程式语与学术写作语言产出的关系，包括非习语程式语对语言产出影响的讨论、学术写作非习语程式语研究反思和学习

前　言

程式语是一种语言现象，它介于语法和词汇之间，包括习语、复现词丛、语块、二项式短语、搭配、词汇短语等多词结构（Biber，2006；Wray，2000）。1924 年著名语言学家 Otto Jespersen 首次提出“程式语”（formula）概念后，程式语逐渐成为语言学领域的重要研究课题。学者们主要从生成语言学、语料库语言学、系统功能语言学、认知语言学、应用语言学和心理语言学等六个视角对程式语进行理论探讨。这些理论探讨范围较广，既涉及程式语的本体研究，也涉及程式语的习得和教学，使我们理解了程式语在语言体系中的地位和作用，以及学习者习得程式语的认知过程和使用特征。

国外程式语的实证研究已有 40 余年的历史（见 Wong-Fillmore，1976），根据语义透明度特征，程式语一般分为两类：习语（语义不透明）和非习语（语义透明）（Conklin & Schmitt，2008）。非习语程式语的使用频数比习语程式语更多（MaCarthy，2006），而且在学术写作中承担着重要的语篇功能，如立场表达、组织语篇、指示参考等。非习语程式语在很大程度上能够影响学术写作的语言产出，也是学习者语言能力发展的重要测量指标，因此比习语程式语受到更多的关注。

国内程式语的研究始于 21 世纪初（来自中国知网数据），起步相对较晚。在初期阶段，研究者主要介绍程式语的相关理论和研究方法；2004 年以后，进入快速发展阶段，探讨的主题增多，主要包括程式语的表征和加工、程式语的使用特征、程式语的语篇功能、程式语运用能力的测量以及程式语的教学模式等（黄燕、王海啸，2011；李美霞，2011）。这些研究对程式语的认知和教学都做出了重要的贡献，但由于程式语的术语繁多、者学术写作程式语运用能力发展的建议。

最后，感谢科学出版社的编辑为本书出版所付出的辛勤劳动。由于笔者才疏学浅，本书尚存不足之处，恳请各位读者批评指正。

马　蓉
于曲阜师范大学
2020年7月

目　录

第 1 章

绪　论

程式语是一种普遍存在的语言现象，它介于语法和词汇之间，是一种由词或其他成分组成的连续或非连续的短语序列，包括习语、复现词丛、语块、二项式短语、搭配、词汇短语等多词结构（Biber, 2006; Wray, 2000）。本章共分三节，为读者提供本书的研究背景，内容包括程式语与语言产出的相关核心概念和国内外学术史梳理及研究动态，以说明开展本书所做研究的选题依据与意义。

1.1　非习语程式语相关概念界定

本书涉及的核心概念包括程式语、非习语程式语和语言产出。下面将对这三个概念逐一进行解释。

1.1.1　程式语

“程式语”这一概念由著名语言学家 Jespersen 于 1924 年首次提出，自 20 世纪 70 年代起，逐渐成为理论语言学和应用语言学领域的重要研究话题。关于程式语的名称问题，学界多年来已提出多达四五十种的术语对其进行描述（李美霞，2011）。其中，formulaic sequence（程式语）被认为是最能完整地反映这一语言现象的术语（Wray，2002）。关于程式语的定义问题，李美霞（2011）归纳了不同学派从不同角度给出的定义，包括生成语言学、认知语言学、语料库语言学、功能语言学和应用语言学等学派。生成语言学认为程式语是一个非合成性的意义整体，通常作为一个独立的词汇项以句法特征被储存。认知语言学认为程式语是一种处于边缘地位、形式与意义匹配的象征性结构。语料库语言学认为程式语是共现语言现象达到一定频率、有固定结构，且受某一领域公认的语言表达形式。功能语言学认为程式语是词汇语法的重要组成部分，也是“构成唯一选择的预制语块”（Sinclair，1991）。应用语言学认为程式语是长度不一的“词汇句干”（sentence stem），其语法或词汇形式基本不变。

Durrant 和 Mathews-Aydınlı（2011）总结了研究程式语的三种理论方法：短语学方法、频率方法和心理学方法。短语学方法侧重于某些表达式的非组合性，将程式语定义为根据词组的含义可以预测的程度或具有相似含义的词可以替换成短语的程度。频率方法（如 Biber，2009；Hoey，2005；Sinclair，2004；Stubbs，1995）关注某些语言组合在写作文本中以高频率出现的趋势，将程式语定义为语言项串（包括词、词类和语义场），在统计上倾向于在语料库中同时出现。心理学方法（如 Hoey，2005；Wray，2002）侧重于语言的有效心理处理和存储，将程式语定义为语言项的字符串，使用者将其作为整体进行记忆和处理，而不是每次使用时都在现场构建这些程式语。本书所做的研究将从应用语言学视角，利用频率方法探讨非本族语学习者对程式语的使用。

1.1.2 非习语程式语

根据程式化的程度高低，Howarth（1998）提出了程式语（多词结构）的分类框架，从大到小为：单纯习语型、比喻习语型、限定搭配型和自由组合型。之后，学界又根据语义透明度特征，将程式语分为两大类：习语程式语和非习语程式语（Conklin & Schmitt，2008）。习语程式语指语义不透明的多词结构，包括单纯习语型程式语和比喻习语型程式语，学习者一般不易从字面推测其意义，如 take the floor（发言）；非习语程式语指语义透明的多词结构，包括限定搭配型程式语和自由组合型程式语，主要是词块与搭配，学习者通常易从字面推测出意义，如 burst into tears（突然大哭）。

研究发现，非习语程式语的使用频率比习语程式语更高（McCarthy，2006），而且在学术写作中承担着重要的语篇功能，如立场表达、组织语篇、指示参考（Biber et al.，2004），在很大程度上能够影响学术写作的语言产出，也是学习者语言能力发展的重要测量指标（Bolinger，1976；Ellis，1996；Ellis et al.，2008；Pawley & Syder，1983；Wray，2002；潘璠，2016），因此受到更多的关注。本书所做的研究聚焦于非习语程式语使用对学术写作语言产出的影响。

1.1.3 语言产出

语言产出有口语和书面语两种形式。本书主要关注书面语的语言产出。大量前人研究已经证实，复杂性（complexity）、准确性（accuracy）和流利性（fluency）能够有效测量语言产出（Lambert & Kormos，2014；Skehan，2009；Wolfe-Quintero et al.，1998）。写作复杂性包含句法复杂性和词汇复杂性（Lu，2010），指句式和词汇的多样性和复杂性（Wolfe-Quintero et al.，1998）。写作准确性指写作文本中的语言在语法方面的正确程度，主要从语法错误的数量和严重程度来测量（刘国忠、秦晓晴，2010）。写作流利性是一种认知表征，主要表现为写作行为的速度和自如度，即快速轻松地产出书面语（马蓉、秦晓晴，2013）。复杂性、准确性和流利性三个维度在二语习得领域通常被简写为 CAF，用于测量和评价学习者的语言能力发展水平。

1.2 国内外学术史梳理及研究动态

下面从国外相关研究、国内相关研究和前人研究的不足三个方面来梳理程式语研究学术史，并阐述研究动态。

1.2.1 国外相关研究

国外学者们主要从生成语言学、语料库语言学、系统功能语言学、认知语言学、应用语言学和心理语言学等六个视角对程式语进行理论探讨，具体内容包括：①程式语的识别和分类（如 Bolinger，1976；Biber et al.，2004）；②程式语的表征和加工模式，如程式语整体表征假说（如 Pawley & Syder，1983；Biber et al.，1999；Wray，2002）、词汇表征假说（Swinney & Cutler，1979）；③程式语的功能模型（Wray，2002）；④程式语的联想强度假设检验方法（Schmitt，2014）；⑤程式语的习得模型（Wray，2002）；⑥程式语的教学模式（Lewis，1993；Lindstromberg et al.，2016；Salazar，2014；Schauer & Adolphs，2006）。这些理论探讨范围较广，既涉及程式语的本体研究，也涉及程式语的习得和教学，使我们理解了程式语在语言体系中的地位和作用，以及学习者习得程式语的认知过程和使用特征。

国外程式语的实证研究已有 40 余年历史（见 Wong-Fillmore，1976），大致分为两类：习语程式语和非习语程式语（Conklin & Schmitt，2008）。已有的实证研究主要探讨了六大议题：①程式语的心理表征与加工优势（Appel & Trofimovich，2017；Ellis et al.，2008）；②不同作者、语体和学科的程式语使用特征（Durrant，2017；Hyland，2008b）；③程式语词表的创建（Martinez & Schmitt，2012；Simpson-Vlach & Ellis，2010）；④程式语习得的影响因素（Boers，2000；Yasuda，2010）；⑤程式语习得与语言能力发展的关系（Li & Schmitt，2009；Ortaçtepe，2013）；⑥程式语的教学模式与效果（AlHassan & Wood，2015；Peters & Pauwels，2015）。

Pawley 和 Syder（1983）在文章《语言学理论的两个困惑：本族语式的选择和本族语式的流畅》（“Two puzzles for linguistic theory: Nativelike selection and nativelike fluency”）中提出了“词汇句干”，认为程式语存在的前提是具备本族语式的选择和本族语式的流畅这两种能力。这一观点充分揭示了程式语与语言产出之间存在紧密的关系。Paquot 和 Granger（2012）在综述文章《学习者语料库中的程式语》（“Formulaic language in learner corpora”）中指出，正如“短语融合了词语、语法、语义和社交用途”（Ellis，2008：5），短语单位的使用，如搭配、短语动词、复合词和成语等，可能会对语言产出的三个维度，即复杂性、准确性和流利性，产生积极或消极的影响（Housen & Kuiken，2009）。因此，学界有必要深入探讨程式语的使用与语言产出的复杂性、准确性和流利性之间的关系。

1.2.2 国内相关研究

国内程式语的研究始于21世纪初，起步相对较晚。在初期阶段，研究者主要介绍程式语的相关理论和研究方法。进入2004年以后，程式语研究进入快速发展阶段，探讨的主题增多，主要包括程式语的表征和加工、程式语的使用特征、程式语的语篇功能、程式语运用能力的测量以及程式语的教学模式等（黄燕、王海啸，2011；李美霞，2011）。这些研究对程式语的认知和教学都做出了重要的学术贡献。

近年来，我国外语界针对非习语程式语做了大量的探索。首先，学界探讨了我国英语学习者在学术写作中的非习语程式语使用特征，并与本族语学生和专家作者进行了对比，发现我国学习者存在以下问题：①在程式语习得方面呈现石化现象，过多使用一些语块和词汇变体，而少用和误用另一些语块（王丽，2014；徐昉，2012）；②过多使用从句语块，较少使用短语语块，如名词语块，介词语块（李梦骁、刘永兵，2016；潘璠，2016）；③语块使用的类联接与搭配缺乏多样性，难以体现形式、意义与功能之间的优选（周惠、刘永兵，2015）。其次，学界分析了我国学习者的程式语使用的影响因素，发现语用功能范畴、形式结构和输入频率等多个因素共同影响学习者的程式语使用特征（王敏、刘丁，2013）。

由于程式语的术语繁多、界定不一，不同研究的可比性并不强，因此学者们呼吁对程式语进行分类研究，以便深入、系统地探讨各类程式语（李更春，2014）。

1.2.3 前人研究的不足

笔者经文献综述发现，国内外对非习语程式语的研究存在以下不足。

在国外，无论是在广度还是深度方面，非习语程式语研究均获得了快速的发展。然而，研究尚存以下局限：①在研究对象方面，研究对象多为本族语者和二语学习者，较少关注以英语为外语的高水平学习者（如Pérez-Llantada，2014；Yuldashev et al.，2013）；②在研究方法方面，多数研究都是整体描述学习者的非习语程式语使用特征，少有研究探讨学习者是如何习得这些程式语的（Li & Schmitt，2009），尤其是从微观层面和动态视角考查每个学习者的程式语发展特征；③在研究内容方面，多关注口语语境下非习语程式语与语言能力发展的关系，如口语流利性（如Conklin & Schmitt，2008），较少探讨书面语语境下程式语使用对语言复杂性、准确性和流利性的影响。

在国内，非习语程式语研究起步虽晚但发展较快，研究局限与国外大体相同，此外还有一些不同的特点：①就研究内容而言，重语块使用特征的描写研究，缺乏深入的程式语习得规律和过程的探讨（黄燕、王海啸，2011）；②就研究方法而言，多采用单一的语料库方法描述被试者在学术写作中使用程式语的群体特征，鲜见收集个体数据并进一步探讨程式语使用与学术写作语言产出关系的研究。

1.3 小　　结

对前人研究不足进行全面反思后，笔者认为对非习语程式语的研究有待深入与拓展。首先需要扩展研究对象，以英语为外语的高水平学习者应该得到关注；其次需要深化研究内容，鉴于非习语程式语在学术写作中发挥的重要作用，且产出练习比识别练习更有利于程式语习得（Peter & Pauwels，2015），因此学者们应在前人研究的基础上，继续探讨非习语程式语对学术写作语言产出的影响，以推进程式语在书面语语境中的习得研究。

本书拟探讨非习语程式语的使用频率、结构类型和语篇功能对中国英语学习者学术写作语言产出的影响，深入分析程式语的使用与学术写作复杂性、准确性和流利性的关系，为充分理解英语学习者书面语语境下的程式语习得提供理论依据和实证支持。具体学术价值有三：一是可明晰程式语使用与书面语产出的关系，为二语习得视角下的学术写作研究提供理论参考；二是可了解中国英语专业硕士研究生的程式语使用特征，有利于他们认识程式语的使用频率、结构类型和语篇功能特征；三是可确认程式语运用能力的内涵，为程式语运用能力的发展研究提供有益的补充，丰富二语习得的研究内容。本书的应用价值包括两个方面：首先，可为中国英语学习者提供非习语程式语的习得方法，有助于他们高效掌握非习语程式语，并提高其学术写作语言产出能力；其次，可为非习语程式语和学术写作的教学提供理论依据和操作方法，提高学术英语教师课堂教学的有效性。

第 2 章

程式语频率、结构与功能研究

综合已有文献发现，程式语可以按照是否具有习语性质、固定程度、频率特征、结构类型和语篇功能进行分类。很多程式语不是习语性质的，它们的含义都是透明的。程式语也可以是固定形式的，但其固定程度是由出现频率所决定的（Cortes，2004）。因此，出现频率已成为程式语的决定性特征。另外，程式语具有很强的语法关联性，在学术语篇中可以分为名词短语或介词短语等（Biber et al.，1999）。根据语言的意义和目的，程式语在学术语篇中也发挥着不同的语篇功能，如文本组织（discourse organizing）、立场表达（stance expressions）、参考指示（referential expressions）等（Biber et al.，2004）。

本章介绍国内外对学术写作程式语的使用频率、结构与功能的研究，旨在评述前人的研究成果，将本书置于该学术背景之下。本章分为 5 节。2.1 节回顾程式语的识别与提取研究；2.2 节综述程式语的使用频率研究；2.3 节综述程式语的结构类型研究；2.4 节综述程式语的语篇功能研究；2.5 节为小结。

2.1 程式语的识别与提取

程式语的范围之广和种类之多样使得学界很难对其进行确认和识别。可以说，程式语的识别是程式语研究过程中最大的难点（Schmitt，2014）。程式语有很多的理论定义（如 Wray，2002），理论定义越严格，就越有利

于程式语的识别和选择。例如，Wray（2002：9）对程式语的理论定义较为宽泛，具体如下：

> ...a sequence, continuous or discontinuous, of words or other elements, which is, or appears to be, prefabricated: that is, stored and retrieved whole from memory at the time of use, rather than being subject to generation or analysis by the language grammar.
>
> 一种连续或不连续的词或其他元素的序列，它是，或似乎是，预制的：即在使用时从记忆中完整地存储和检索，而不是受语言语法的生成或分析的影响。[①]

Wray（2008：12）再次给程式语进行了更为严格的理论定义，如下：

> ...a word or word string, whether incomplete or including gaps for inserted variable items, that is processed like a morpheme, that is, without recourse to any form-meaning matching of any subparts it may have.
>
> 一个单词或单词字符串，不管它是不完整的还是包含插入变量项的间隙，它都像语素一样被处理，也就是说，不依赖于它可能拥有的任何子部分的任何形式-意义匹配。

程式语的识别还需要考虑研究目的和数据的丰富度。因此，针对不同的研究目标和不同数量与类型的可获得数据，学者们采用了不同的识别方法。综合前人研究，我们发现主要有三种识别途径（Schmitt，2014）。第一种是习得途径（acquisition approach），也叫心理语言学途径（psycholinguistic approach）。这种途径认为程式语是整体储存在大脑中

---

① 本书中的引文译文，如无特别说明，均为笔者遵照外文原文进行的自译，后文余同。

并在使用时整体提取。这种途径对在线输出的时间较为敏感，所以主要适用于口语语篇。第二种是短语学途径（phraseological approach）。这种途径认为程式语具有透明性和可替代性。然而，这种途径受到了学界的质疑。Durrant（2008）认为短语学途径有以下几种弊端：①透明性和可替代性的标准很难在实践中执行；②短语学方法需要进行人工分析，人力耗费巨大，不适合人力、物力有限的研究；③人工分析会使得整个识别过程具有主观性。第三种是语料库统计途径，即在语料库中基于频率标准，系统自动识别共现的多词结构。语料库统计途径是应用语言学领域最为常见的程式语识别方法。

近年来，学界多采用计算机软件，如 AntConc，对语料库文本中的程式语进行自动检索和提取，即 N-grams（N 长度的固定字符串）。提取的长度一般为 3~6 个词（3-grams/4-grams/5-grams/6-grams）。频率的计算一般包括两种类型：一种是程式语的形符频数（tokens），即文本中出现的所有程式语的数量，用来考察写作者使用程式语的总体数量；另一种是程式语的类符频数（types），即不同程式语的数量，用来考察写作者使用程式语的多样性。形符频数和类符频数这两个频率数据对程式语研究都非常重要，因为它们可以从量和质的两个不同角度反映程式语的使用特征。语料库视角的程式语研究多提取高频程式语进行分析。关于高频程式语的判定标准，学界的观点也不尽相同，一般多采用每百万单词中重复出现 10 次的多词结构（Biber et al.，1999）。

2.2 程式语使用频率研究

关于程式语使用频率特征的研究可分为整体使用研究和个体使用研究。

在书面语语境的程式语研究中，学者们大多关注特定作者群体对程式语的整体使用情况(Ädel & Erman，2012；Csomay，2013；Hsu，2014；Hyland

2008a；Liu，2012；Pan et al.，2016；Pérez-Llantada，2014；Wood & Appel，2014）。程式语整体使用研究主要是基于大规模语料库提取整体样本数据，然后分析程式语的总体使用频率情况（如 Pan et al.，2016）。前人研究在程式语的使用频率特征方面得出的结果不尽一致。一些研究发现，学生作者使用的程式语的数量超过了专家作者使用的数量（Qin，2014）；还有一些研究观察到学生作者和专家作者在程式语使用频率方面没有显著差异（Römer，2009），或者差异显著（Chen & Baker，2010）。研究人员还探索了本族语和非本族语专家作者之间程式语的使用频率差异。Salazar（2014）发现，非本族语的专家作者使用的程式语的类符频率通常不高，并且比本族语专家作者更加依赖某些程式语。研究还发现，本族语学生作者比非本族语学生作者使用程式语的频率更高（Ädel & Erman，2012；Chen & Baker，2010；Li & Schmitt，2009）。很多研究发现，本族语和非本族语的学生作者都没有充分使用专家作者常用的程式语，而他们在硕士论文中又过度使用了一些本族语专家很少使用的程式语（Chen & Baker，2010；Cortes，2004；Granger，1998；Li & Schmitt，2009）。值得注意的是，程式语整体使用研究描绘了特定作者群体的程式语使用频率特征，而不是作者个体使用程式语的全貌。

近年来的相关研究已经开始通过收集个体学术文本的数据，从能力发展的视角来研究程式语的个体使用特征（Bestgen & Granger，2014；Chen & Baker，2016；Staples et al.，2013）。个体研究的焦点多是程式语使用的特征及其与程式语运用能力和第二语言写作能力发展的关系，特别是与学术英语写作能力的关系。Staples 等（2013）发现写作水平较低的二语学习者在托福 iBT 写作部分使用的程式语频数总体上多于写作水平较高的二语学习者。Bestgen 和 Granger（2014）发现，随着二语大学生写作能力的提高，程式语使用频率出现了历时性降低趋势。

另外一些研究通过调查个体作者的学术写作文本，发现二语学生经常在一个文本中重复使用相同的程式语。Granger（1998）报告了一个重复使用某些程式语的案例，他发现二语学生之所以重复使用相同的程式语，是因为他们对某些程式语的使用感到“自信”。Milton（1999）也认识到，重复使用某些程式语是二语学生在学术写作使用程式语的过程中出现的一个显著问题。Cortes（2004）发现，生物领域的研究生作者比本科生作者使用更多的程式语。Hyland（2008b）在一项关于学生作者的学科写作研究中发现，仅仅一篇文章中某些程式语竟然出现了 70 多次。综上，学生作者对程式语的广泛使用和对某些程式语的重复使用亟须从个体写作差异的角度进行进一步观察。

2.3 程式语结构类型研究

为了更加深入地分析程式语的语义，学者们基于各自的研究问题，从不同角度出发，先后对程式语进行了多次结构分类。这些分类多种多样，下面我们回顾前人较常采用的一些程式语分类标准。

Cortes（2004）自建了两个学术写作语料库：一个是历史学科和生物学科的学生学术写作语料库，涵盖本科生和研究生的研究性论文和综合性论文；另一个是历史学科和生物学科的专家作者发表的期刊论文语料库。她聚焦于这两个学科领域的学生作者和专家作者使用 4 词结构（4-grams）程式语的差异特征，并把程式语的结构分为 8 类，见表 2.1。

表 2.1 程式语的结构分类（翻译自 Cortes，2004）

程式语的结构	程式语举例
名词短语+of 短语片段	a large number of、a wide range of、each of the three、a wide variety of、presence or absence of、one of the most、the depth of the、the beginning of the、the center of the、the course of the、the direct effects of、the effects of the、the end of the、the genetic basis of the、the length of the、the mean number of the、the mean number of、the mean of the、the number of the、the number of individuals、the number of species、the position of the、the relative importance of、the rest of the、the results of the、the size of the、the total number of the
名词短语+后置名词性从句片段	the degree to which、the possibility that、the extent to which
其他名词短语	an important role in、spatial and temporal variation、an increase in the、the relationship between the

续表

程式语的结构	程式语举例
介词短语+of 短语嵌入	as a consequence of、at the beginning of、as a function of、at the end of、at the university of、in each of the、for each of the、in the absence of、in the context of、in the case of、in the evolution of、in the number of、in the form of、in the presence of、of the effects of、of the distribution of、of the number of、on the evolution of、on the basis of、on the order of、on the number of、with the number of、with the exception of
其他介词短语	at the same time、in contrast to the、in addition to the、in the present study、in the study area、of the variance of、in the life cycle、with respect to the、on the other hand of、the relationship between
（It）+be+形容词+（不定式）	it is difficult to、it is likely to、it is important to、it is possible to
（情态）动词+（名词短语/形容词短语补语）	there is no evidence、be the result of、is the number of、is likely to be、is a function of、may be due to、are likely to be、is consistent with the、are more likely to
（名词短语/代词）+动词+（补语）	not appear to be、did not differ significantly、can be used to、has been shown to、used in this study、have been shown to、was found to be、was positively correlated with、play an important role、studies have shown that、these results suggest that

Hyland（2008a）自建了 350 万词的研究性论文语料库，包括 4 个学科的硕士论文和博士论文，并调查了不同学科间学术论文的 4 词结构程式语的使用差异。他将 4 个学科全部考虑在内，把程式语的结构分为 7 种：名词短语+of（noun phrase + *of*）、被动+介词短语（passive + prepositional phrase）、其他介词短语（other prepositional phrase）、介词短语+of（prepositional phrase + *of*）、名词短语+其他修饰语（noun phrase + other modification）、其他短语（others）、预期 it 结构（anticipatory *it* structure）。

Pérez-Llantada（2014）自建了 570 万词的国际期刊研究性论文语料库，调查了一语和二语的专家学者在学术写作中的 4 词结构程式语使用情况，他对程式语的结构分类采用了两种方法：一是将核心短语和重叠短语分为

8类；二是将特定短语又分为10类，具体见表2.2。

表2.2 短语的结构分类（翻译自Pérez-Llantada，2014）

短语的结构	具体分类
核心短语与重叠短语	名词短语+of短语片段
	名词短语+后置名词性从句片段
	介词短语+of短语片段
	其他介词短语
	（代词）+（情态）动词被动语态+（介词短语/从句片段）
	It+动词be+形容词+（从句片段）
	动词（be）+补语（名词短语）
	其他短语
特定短语	名词短语+of短语片段
	名词短语+后置名词性从句片段/关系从句片段
	其他名词短语
	介词短语+ of短语嵌入
	介词短语+关系/补语从句片段
	其他介词短语
	（情态）动词+（介词短语/从句片段）
	（It）+动词be+形容词+（从句片段）
	（关系代词）+半被动
	其他短语

Qin（2014）自建了两个语料库：一个是应用语言学领域公开发表的128篇共计100万词的研究性论文语料库；另一个是应用语言学领域中由20个非本族语学生完成的136篇学术论文语料库。Qin（2014）首先从已发表的研究性论文语料库中提取了5词结构程式语，然后考察了这些目标程式语在学生论文语料库中的使用特征。她将程式语分为名词短语、动词短语、介词短语、其他短语四类，具体见表2.3。

表 2.3　应用语言学领域程式语的结构分类（翻译自 Qin，2014）

程式语的结构	具体分类
名词短语	带 of 短语片段的名词短语
	带其他后置修饰语片段的名词短语
	其他名词短语
动词短语	系动词 be+名词短语/形容词短语
	预期 it+动词短语/形容词短语
	被动语态动词+介词短语片段
	（动词短语+）that 从句片段
	（动词/形容词+）to 从句片段
	主动语态的动词短语
	状语从句片段
	代词/名词短语+be+（...）
介词短语	嵌入 of 短语片段的介词短语
	其他介词短语片段
其他短语	其他短语表达

2.4　程式语语篇功能研究

鉴于程式语有助于各种语体的语篇建构，而且能够区分不同语体（Hyland，2018a），学者们尝试对程式语进行语篇功能分类。研究视角不同，分类也不同，其中有两种语篇功能分类被广为采纳。一种是 Biber 等（2004）基于 Halliday 的语言元功能理论的分类，他们将程式语分为三种功能：参考指示、文本组织和立场表达（表 2.4）。这一分类适用于各种文体，应用性较强。其中，参考指示功能指程式语可以帮助写作者构建自身的经验并决定其看待事物的方式，包含时间、地点、描述、数量四个子功能。文本组织功能指程式语可以用来表达文本功能，这些功能与句子意义和周围语篇的关系有关（Cortes，2004），包含比较/对比、推理、识别/

聚焦、框架四个子功能。立场表达功能指程式语可以表达态度命题，包含认识立场和其他立场两个子功能。

表 2.4 程式语的语篇功能（翻译自 Biber et al.，2004）

语篇功能		程式语举例
参考指示	时间	at the beginning of、at the same time、at the end of、at the time of、the end of the、in the course of、in the life cycle
	地点	at the university of、the position of the、the center of the、in the present study、in the study area
	描述	the depth of the、the slope of the、the length of the、the size of the、the shape of the
	数量	a large number of、a measure of the、an increase in the、a wide range of、in the number of、of the number of、of the variance of、on the number of、on the order of、one of the most、that the number of、the magnitude of the、the mean number of、the number of individuals、the number of species、the rest of the、the total number of、as the number of、is the number of、for each of the、in each of the
文本组织	比较/对比	on the other hand、in contrast to the
	推理	as a result of、be the result of、as a consequence of、on the basis of、the results of the、the effect of the、the direct effects of
	识别/聚焦	it is important to、there is no evidence、it is difficult to、play an important role、these results suggest that、an important role in、the relative importance of、these results suggest that、the results of the
	框架	in the absence of、in the case of、in addition to the、in the context of、as a function of、in the form of、in the presence of、presence or absence of、with respect to the、the extent to which、the degree to which、as well as the、with the exception of、a function of the
立场表达	认识立场	may be due to、it is likely that、is likely to be、it is possible that、are likely to be、are more likely to be
	其他立场	has been shown to、was found to be、have been shown to、not appear to be、studies have shown that、can be used to、used in this study

Chen 和 Baker(2010) 对 Biber 等（2004）的功能分类进行了修订，这个分类增加了一些子功能，区分标准更加清晰，在实践中也更容易操作（图 2.1）。其中，参考指示功能包含框架、数量、地点/时间/测试指示语三个子功能；立场表达功能包含认识立场、义务/指令、能力三个子功能；文本组织功能包含话题引入、话题阐述、识别/聚焦三个子功能。

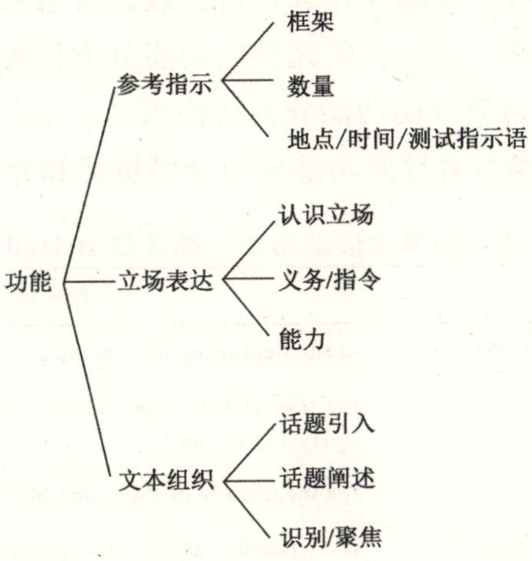

图 2.1　程式语的语篇功能（翻译自 Chen & Baker，2010）

尽管以上研究对程式语的语篇功能的分类被广泛应用，但这些分类仍受到了学界的一些质疑。Ädel 和 Erman（2012）指出他们的分类最主要的问题是对区分次类别没有给出清晰的界限。一些次类别在前人的研究中定义得非常清楚（如“话题引入”“数量”），另一些却非常模糊（如“识别/聚焦”“框架”）。正是这些模糊的标准导致了前人研究结果的不一致性。例如，“聚焦”在 Chen 和 Baker（2010）的分类中是文本组织功能，但在 Simpson-Vlach 和 Ellis（2010）的分类中却是参考指示功能。再比如，“框架”在 Chen 和 Baker（2010）的分类中是参考指示功能，但在 Cortes（2004）和 Biber 等（2004）的分类中却是文本组织功能。另一个问题是许多程式语都有多重功能。Biber 等（2004）强调在区分的时候，应该考虑上下文来决定程式语发挥的主导功能。

另一种影响力较大的语篇功能分类来自 Hyland（2008a）的研究，他针对学术语篇把程式语分为三种功能：研究导向、语篇导向和参与者导向（表2.5）。这个分类更适合探讨研究性论文和学位论文等学术语篇的功能分析。其中，研究导向功能指程式语可以帮助写作者构建他们在真实世界中的活动和经历。语篇导向功能指程式语可以帮助写作者组织文本并传递意义。参与者导向功能指程式语可以帮助写作者把自己或读者融入文本，拉近作者与读者或文本与读者的距离。其中，研究导向功能分为位置、程序、数量、描述和话题 5 个子功能；语篇导向功能分为转换预示、结果预示、结构预示和框架预示 4 个子功能；参与者导向功能分为立场特征和介入特征 2 个子功能。

表 2.5　程式语的学术语篇功能（翻译自 Hyland，2008a）

语篇功能		程式语举例
研究导向	位置	at the beginning of、in the present study、at the same time
	程序	the use of the、the purpose of the、the role of the、the operation of the
	数量	the magnitude of the、one of the most、a wide range of
	描述	the structure of the、the size of the、the surface of the
	话题	related to the field of research
语篇导向	转换预示	on the other hand、in contrast to the、in addition to the
	结果预示	it was found that、as a result of、these results suggest that
	结构预示	in the present study、as shown in figure、in the next section
	框架预示	in the case of、on the basis of、in the presence of、with respect to the、with the exception of
参与者导向	立场特征	are likely to be、it is possible that、may be due to
	介入特征	it should be noted that、as can be seen

2.5 小　结

程式语的识别标准需遵循研究所使用的程式语理论定义。程式语的识别方法主要有三种：习得理论途径、短语学途径和语料库途径。这三种方法各有利弊，选择时需考虑研究目的和数据的丰富度。通过语料库途径识别程式语，系统会基于频率标准进行自动识别。频率的计算一般包括形符频数和类符频数，前者指文本中出现的所有程式语的数量；后者指不同程式语的数量。程式语的使用频率特征研究可分为整体使用研究和个体使用研究。整体使用研究主要是基于大规模语料库提取整体样本数据，然后分析程式语的总体使用频率情况；个体使用研究主要是通过收集学习者个体学术文本的数据，从能力发展的视角来研究程式语的个体使用特征。学者们基于各自的研究问题，采用不同学科、语域、规模的语料库，按照一定的分类标准对程式语的结构类型进行了多种多样的分类。最主要的类型有名词短语结构、动词短语结构、介词短语结构等。此外，学者们根据各自的研究视角，对程式语在文本中发挥的语篇功能进行了分类。应用较广的有两种语篇功能分类：一种是 Biber 等（2004）针对各种文体的分类，包括参考指示、文本组织和立场表达。另一种是 Hyland（2008a）针对学术语篇的分类包括研究导向、语篇导向和参与者导向。

第 3 章

语言产出研究

本章介绍国内外对二语写作语言产出的研究，共分为 6 节，首先概述二语写作语言产出的复杂性、准确性和流利性测量指标及其之间的关系；然后分别综述程式语使用频率、结构类型和语篇功能与语言产出之间的关系；最后总体评述程式语使用与语言产出的关系。

3.1 二语写作语言产出的测量指标

在《分析学习者语言》(*Analyzing Learner Language*, Ellis & Barkhuizen, 2005) 一书中，Skehan (1998b) 认为研究者在“意义”(meaning) 与“形式”(form) 的最初对比中应当考察学习者的产出表现，其中，“形式”又进一步分为“控制”(control) 和“重组”(restructuring)，如图 3.1 所示。“意义”反映流利性，“形式”反映准确性 (如果优先考虑“控制”)

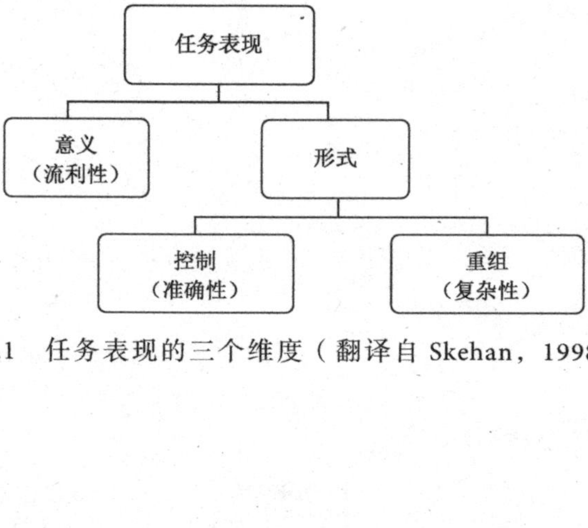

图 3.1 任务表现的三个维度 (翻译自 Skehan, 1998b)

和复杂性（如果因为学生乐意冒险而引发“重组”）。Skehan 认为复杂性、准确性、流利性这三个维度能够为特定任务的表现提供有效的测量。

3.1.1　写作复杂性

写作复杂性可以从句法复杂性和词汇复杂性两个维度考察(Lu,2010)。句法复杂性指句式的多样性和复杂性（Wolfe-Quintero et al.，1998）。多样性指的是句型的变化幅度，表现为对各类句式灵活、恰当的使用；复杂性指的是句子结构的复杂性（Ortega，2003）。句法复杂性包含多个方面的特征，如语言产出长度、句子复杂性、并列结构、从属结构、名词化等（Bulte & Housen，2012；Lu，2011）。根据陆小飞和许琪（2016）的分类，句法复杂性共有五大类别 14 个具体测量指标，如表 3.1 所示。

表 3.1　句法复杂性测量指标（陆小飞、许琪，2016）

类别	指标
单位长度	子句平均长度
	句子平均长度
	T 单位平均长度
句子复杂性	每个句子中的子句数量
从属子句使用量	每个 T 单位中的子句数量
	复杂 T 单位比率（即每个 T 单位中的复杂 T 单位数量）
	从属子句比率（即每个子句中的从属子句数量）
	每个 T 单位中的从属子句数量
并列结构使用量	每个子句中的并列短语数量
	每个 T 单位中的并列短语数量
	并列句比率（即每个句子中的 T 单位数量）
特定短语结构	每个子句中的复杂名词性短语数量
	每个 T 单位中的复杂名词性短语数量
	每个 T 单位中的动词短语数量

前人对句法复杂性测量指标的效度进行了检验。研究显示，T 单位平均长度可预测句法成熟性（Monroe，1975；Wolfe-Quintero et al.，1998），能区分不同语言水平的学习者（Cooper，1976；Larsen-Freeman，1978）。子句平均长度是学术英语的一大特点（Beers & Nagy，2009），是最能有效区分语言水平的变量之一（Gebhard，1977；Lu，2011）。被动句型是句法能力较高的一个标志（Kameen，1979）。学习者句法复杂性的发展顺序为：不完整句子→独立句子→并列句→副词从句→形容词/名词性从句→形容词/副词/名词性动词短语（Wolfe-Quintero et al.，1998：73）。研究还发现，语言长度和并列结构维度指标能清楚区分不同语言水平的句法复杂性（雷蕾，2017）。

词汇复杂性指词汇的变异特征。Read（2000）将词汇复杂性定义为低频词汇或高级词汇在文本中的占比。关于词汇复杂性的指标分类，不同学者的观点不同。Laufer 和 Nation（1995）将词汇复杂性的指标分为：词汇独特性、词汇密度、词汇丰富度和词汇变异。Engber（1995）将词汇复杂性的指标划分为词汇变异度、词汇无误变异度、词汇密度和词汇错误。Attali 和 Burstein（2006）将词汇复杂性的指标划分为词长、类符-形符比（TTR）和词汇量。Read（2000）将词汇复杂性的指标划分为词汇变异度、词汇丰富度、词汇密度和词汇使用错误量。较新的研究是 Lu（2012）的分类，即词汇复杂性指标包含“词汇密度和复杂性”及“词汇多样性”两大类，共 25 个具体指标，如表 3.2 和表 3.3 所示。

表 3.2　词汇密度和复杂性的测量指标（翻译自 Lu，2012）

测量指标	编码	公式
词汇密度	LD	N_{lex}/N
词汇复杂性-I	LS1	N_{slex}/N_{lex}
词汇复杂性-II	LS2	T_s/T
动词复杂性-I	VS1	T_{sverb}/N_{verb}
校正后动词复杂性-I	CVS1	$T_{sverb}/\sqrt{2N_{verb}}$
动词复杂性-II	VS2	T^2_{sverb}/N_{verb}

表 3.3 词汇多样性测量指标（翻译自 Lu，2012）

测量指标	编码	公式
不同单词数	NDW	T
不同单词数(前 50 词)	NDW-50	T in the first 50 words of sample
不同单词数(10 个随机 50 词)	NDW-ER50	Mean T of 10 random 50-word samples
不同单词数(10 个序列 50 词)	NDW-ES50	Mean T of 10 random 50-word sequences
类符-形符比	TTR	T/N
类符-形符比的平均值(50 词)	MSTTR-50	Mean TTR of all 50-word segments
校正后的类符-形符比	CTTR	$T/\sqrt{2N}$
类符-形符根比	RTTR	$T/\sqrt{N}$
类符-形符对数比	LogTTR	$\log T/\log N$
优步指数	Uber	$\log^2 T/\log (N/T)$
D 测量	D	Based on D in Equation (1)
词汇多样性	LV	T_{lex}/N_{lex}
动词多样性-I	VVI	T_{verb}/N_{verb}
动词多样性-I 的平方	SVV1	T^2_{verb}/N_{verb}
校正后的动词多样性-I	CVV1	$T_{verb}/\sqrt{2N_{verb}}$
动词多样性-II	VV2	T_{verb}/ N_{lex}
名词多样性	NV	T_{noun}/N_{lex}
形容词多样性	AdjV	T_{adj}/N_{lex}
副词多样性	AdvV	T_{adv}/N_{lex}
修饰语多样性	ModV	$(T_{adj} + T_{adv})/N_{lex}$

写作复杂性的编码工作可以采用人工方法，也可以借助分析工具。越来越多的研究者采用自动分析器对复杂性指标进行分析，如 Biber Tagger（Biber，1988）、Coh-Metrix（Graesser et al.，2004）和 L2SCA（Lu，2012）等。这些分析器各有特长，研究结果可互相补充。

3.1.2 写作准确性

基于前人研究，写作准确性的测量主要采用三种方法。第一种是整体性测量（Holistic Scales），如 Hedgcock 和 Lefkowitz（1992）；第二种是无错误 T 单位总数（Number of Error-free T-Units），如 Casanave（1994）、Robb 等（1986）；第三种是错误总数（Number of Errors），如 Frantzen（1995）、Fischer（1984）、Kepner（1991）、Kobayashi 和 Rinnert（1992）。国内学者刘国忠和秦晓晴（2010）将写作准确性测量指标归纳为 15 个指标：错误总数、一级错误、二级错误、三级错误、正确连接词、正确代词、正确冠词、无错误句子、动词错误、动词总数、语法错误、子句的复合名词短语、语义错误、词汇错误定义、T 单位的复合名词短语。

研究发现二语写作准确性的三种测量方法中，错误总数测量法有着较高的信度（Polio，1997）。由一级错误、语法错误、错误总数、动词错误和语义错误这 5 个变量构成的“错误测量因子”对年级水平有着很好的区分力（刘国忠、秦晓晴，2010）。二语写作准确性的测量在对待错误的数量和错误的严重性问题上存在较大分歧。未来研究应区别对待不同类型的错误，兼顾数量和严重程度（刘国忠、秦晓晴，2010）。

3.1.3 写作流利性

写作流利性可以从文本成品和写作过程两个视角分别进行测评。不同的视角对写作流利性的观测点是不同的。从文本成品视角来看，写作流利性表现为文章长度、写作速度和/或写作质量（Hester，2001）。从写作过程视角来看，写作流利性表现为语言产出的轻松自如度或自动化程度（Faigley，1980；Schmidt，1992）。对于写作流利性的测量指标，Latif（2009）将其分为文本成品指标和写作过程指标。文本成品指标聚焦于写作文本，通常提取文章长度、准确性和复杂性等与文章质量相关的各项指标。写作过程指标关注写作过程，通常采用写作录像、有声思维、键盘记录或其他方法观察写作的全过程从而提取各项指标。本书探讨学术写作文本的语言产出，因此将从文本成品指标视角考察写作流利性。

综合前人文献，文本成品指标的测量内容可分为三种：频数测量、比率测量和总体量表测量。具体指标的内容见表 3.4。

表 3.4　写作流利性的文本成品指标

测量指标	具体测量内容
频数测量	①单词总数 W；②动词总数 V；③T 单位总数 T；④子句总数 C；⑤句子总数 S；⑥无错误 T 单位单词总数 WEFT；⑦无错误子句单词总数 WEFC
比率测量	①每分钟单词数 W/M；②句子长度 W/S；③T 单位平均长度 W/T；④子句平均长度 W/C；⑤无错误 T 单位平均长度 W/EFT；⑥无错误子句平均长度 W/EFC；⑦T 单位中复合名词短语长度 WCN/T；⑧子句中复合名词短语长度 WCN/C；⑨每分钟音节数 SY/M
总体量表测量	语言地道性、语言标准程度、长度、易读和习惯性（Tarone et al.，1993）

多数研究只用写作速度测量写作流利性（如 Ong & Zhang，2010）。然而，有学者指出这种测量方法是有问题的，我们需要重新考虑测量指标，以便更加准确和有效地测量写作流利性（Latif，2013；Skehan，2009）。学界较为接受 Wigglesworth 和 Storch（2009）及 Dobao（2012）使用的写作流利性测量指标，共四个：T 单位总数（T）、子句总数（C）、T 单位平均长度（W/T）、子句平均长度（W/C）。前两个是频数指标；后两个是比率指标。综合运用这四个指标可以避免只使用写作速度指标测量写作流利性的弊端。

3.1.4　写作复杂性、准确性和流利性之间的关系

在语言习得领域，复杂性、准确性和流利性一直被用来评价写作水平（Lambert & Kormos，2014；Skehan，2009；Wolfe-Quintero et al.，1998）。根据认知假设（Cognition Hypothesis）（Robinson，2001），基于有限的注意力资源，语言产出的流利性、复杂性和准确性之间很可能存在竞争效应，即竞争假设（Trade-off Hypothesis）（Skehan，1998a；Skehan & Foster，2001）。这个竞争效应可能表现在两个层次上：一个是意义和形式的竞争，

即流利性对准确性和复杂性的影响。如果流利性是学习目标，那么准确性和复杂性可能会受到阻碍。另一个是准确性和复杂性在有限的注意力资源下产生的竞争。就学术写作而言，除了注意力资源的限制，任务的类型与难度也会导致写作者运用不同层次的注意力资源，因而语言产出中的复杂性、准确性和流利性之间会存在竞争。除了竞争关系，van Geert 和 Steenbeek（2005）基于复杂理论，又提出了竞争与促进假设。具体来说，就是复杂性、准确性和流利性这三个维度不只存在竞争关系，而且能够相互促进和共同发展。有研究发现，写作复杂性、准确性和流利性之间在短时间内的确存在竞争，但经过长时间的发展，三个维度会互相促进（马蓉、秦晓晴，2012）。因此，如果在同一课题中研究写作复杂性、写作准确性和写作流利性，那么它们之间的竞争效应和相互促进不应该受到忽视，而是需要继续探讨它们在不同语境下如何相互影响，以期为学界深入理解复杂性、准确性和流利性的关系提供实证支持。

国外针对学习任务与复杂性、准确性、流利性关系的研究发现如下结论：①在个人信息交换任务中，准确性和流利性得以提高，而复杂性没有。②在口头叙事任务中，复杂性提高，但准确性和流利性都有所降低。③在任务前构思可提高复杂性和流利性。④基于具体的或熟悉的信息的任务可促进准确性和流利性的发展。⑤含有清晰结构的任务可促进准确性和流利性的发展。⑥交互性的任务可促进准确性和复杂性的发展。⑦需要操控信息的任务可促进复杂性的发展（Skehan，2009，2001）。

国内学者基于图片描述任务进行了工作记忆容量对书面语产出的影响研究，发现语言产出的复杂性、准确性和流利性之间存在注意资源的竞争（易保树、罗少茜，2012）。具体研究结果是：流利性与复杂性之间的竞争效应较显著，准确性和复杂性之间也出现了竞争。总体来说，该项研究支持了 Skehan 的“竞争效应”假设。

本书基于学术写作任务探讨复杂性、准确性、流利性的关系。学术写作是一种高级写作，需要使用文献资源，运用研究方法，验证研究假设，阐述研究创新等，具有一定的任务难度。在这样的任务难度下，非本族语学习者的语言产出维度之间的关系需要进一步探究。

3.2 程式语使用频率与语言产出

书面语言产出可以通过写作分数或第二语言习得视角的测量指标进行评估。文献显示，研究人员调查程式语在书面语言产出中的使用特征时，主要采用写作分数评定语言产出（例如，Pérez-Llantada，2014；Chen & Baker，2016）。然而，依据二语习得理论，从复杂性、准确性和流利性三个维度测量二语产出，已被证明是非常有用的测量方法（Lambert & Kormos，2014；Skehan，2009；Wolfe-Quintero et al.，1998），但前人研究较少使用这三个维度的测量指标。因此，程式语频率与二语产出的复杂性、准确性和流利性之间的关系，学界仍不清楚。

在口语产出研究方面，前人已经发现，学习者可以通过使用程式语来加快他们的语言产出速度，并提高他们的总体口语流利度，因为程式语作为记忆中的整个单元被存储和检索（Ellis et al.，2008；Jiang & Nekrasova，2007；Schmitt，2004；Wray，2002）。在书面语语境中，程式语是“流利书面语的标记”（Coxhead & Byrd，2007：135）和“流利语言产出的重要组成部分”（Hyland，2008b：41）。因此，程式语频率与写作流利性之间的关系是值得进行实证研究的。近年来，学界探讨程式语运用能力的发展时也考虑了程式语的使用准确性。研究发现，高年级学生比低年级学生在论文写作中更多使用程式语，但使用准确性不高（黄开胜，2015）。另外，因为程式语在学术文本中的出现频率很高，因此有学者认为可以假设程式语是一种“简单表达式”（Biber & Conrad，1999：188）。那么，我们需要思考一个问题：使用较多的程式语会降低学术文本的写作复杂性吗？

前人研究还发现，在复杂性、准确性和流利性之间可能存在竞争效应，这种竞争可以归因于人类注意力资源的固有限制（Skehan & Foster，2001）。复杂性、准确性和流利性之间的竞争效应有两个层次。流利性与准确性和复杂性的竞争是第一层次的竞争，属于意义和形式之间的竞争，即如果流利性是语言能力发展的目标，那么准确性和复杂性的发展可能会受到影响。准确性与复杂性之间的竞争是第二层次的竞争，主要是因为人类注意力资源存在容量限制。从程式语使用频率的视角理解复杂性、准确性和流利性之间的竞争效应，有助于我们深入了解程式语的使用对书面语产出的频率效应。

3.3 程式语结构类型与语言产出

学者们基于语料库，运用各自的程式语结构分类方法，调查了程式语结构类型的使用特征。很多研究都采用对比的方法分析多个不同作者群体、或多个学科之间的程式语的结构类型使用差异，如本族语者和非本族语者、学生作者和专家作者、社会科学和自然科学等之间的使用差异。这些对比研究的调查结果有相同之处，也有不同之处，具体情况如下。

关于本族语者和非本族语者之间的对比研究，研究发现，本族语学生作者比非本族语学生作者使用更多类型的程式语（Ädel & Erman，2012；Chen & Baker，2010；Li & Schmitt，2009）。具体而言，Pan 等（2016）自建了电信领域国际期刊研究性论文语料库，并对程式语使用情况进行了调查，研究发现本族语专家作者大量使用名词短语和介词短语，而非本族语专家作者主要使用动词短语和从句结构。Pérez-Llantada（2014）调查了来自不同学科领域的期刊论文，发现非本族语专家作者使用最多的是各类介词短语，其次是名词短语；而本族语专家作者使用最多的是各类动词短语，其次是介词短语。综合前人研究，非本族语学生作者和非本族语专家作者似乎都在程式语的结构类型方面，与本族语专家存在使用差异。

关于学生作者和专家作者之间的对比研究，一些研究发现，本族语学生作者和非本族语学生作者都没有充分使用专家作者常用的程式语类型，而他们在硕士论文中又过度使用了一些本族语专家很少使用的程式语类型（Chen & Baker，2010；Cortes，2004；Granger，1998；Li & Schmitt，2009）。

关于社会科学和自然科学的对比研究，Hyland（2008a）对生物学、电气工程、应用语言学、商务研究四个学科的硕博论文进行了研究。发现四个学科都是介词短语使用最多，其次是名词短语。如果应用语言学和商务研究属于社会科学，而生物学和电气工程属于自然科学，那么社会科学领域和自然科学领域的期刊论文在程式语的结构类型使用方面，应该没有较大差异。然而，四个学科中使用频率较高的具体程式语却截然不同。每个学科近 50%的常用程式语在另外三个学科均未被使用；每个学科只有 30%的程式语会在另外三个学科里被使用。因此，Hyland（2008a）得出以下结论：程式语的使用特征可以区分不同学科领域的学术文本。

国内学者对写作者产出程式语的结构进行了大量探讨。研究发现，中国学生，不论是本科生还是研究生，总体来说使用的程式语的种类少于本族语者（王立非、张岩，2006；徐昉，2012；许先文，2010）。此外，还有一些具体发现值得关注。王立非和张岩（2006）基于大学生英语议论文语料库，探讨了大学生的程式语使用特征，研究发现中国大学生过度使用三词结构。按句法特征来说，学生主要使用的程式语结构为“名词+动词”“名词短语”“动词短语”。刘晓玲和刘鑫鑫（2009）基于大学英语学习者语料库研究了3~6 词结构的程式语，发现学习者使用最多的是 3 词结构程式语，使用最少的是 6 词结构程式语，且程式语越长，使用频率就越低。许先文（2010）调查了非英语专业研究生的程式语结构使用特征，发现研究生使用程式语结构的频次由多到少依次为：动词短语、名词短语、介词短语、形容词词组、小句结构、连词词组、副词词组。徐昉（2012）研究了我国本科生、硕士生和博士生的程式语使用特征，发现我国学习者存在过度使用介词短语的现象。

以上对前人研究的回顾，让我们对不同水平的写作者使用程式语的结构特征有了初步了解。基于以上研究结果，我们可以推测程式语结构类型的使用特征与书面语产出可能存在一定联系，因为写作水平高的专家作者与写作水平低的学生作者在程式语的结构类型使用上存在差异。然而，关于程式语的结构类型与语言产出的关系，前人鲜有专门研究。

3.4　程式语语篇功能与语言产出

关于程式语的语篇功能研究数量很多，主要对比了一语作者和二语作者、专家作者和学生作者、不同语域和不同语言水平组使用程式语的语篇功能。各项研究理论视角不同、语料建库不同、操作定义也不同，研究结果更是多样。

首先是一语作者和二语作者的对比研究。Ädel 和 Erman（2012）基于 Biber 等（2004）及 Chen 和 Baker（2010）的语篇功能分类，比较了语言学领域母语为瑞典语的大学阶段高水平英语学习者与本族语者在写作中使用程式语的情况。研究发现两组受试在指示功能程式语的使用比例上无显著差异，但本族语者使用立场表达功能程式语所占比例较瑞典英语学习者来说更高一些，使用文本组织功能程式语的比例更低一些。本族语者更加依赖立场表达功能程式语，且立场表达功能程式语的类型也具有多样性。Chen 和 Baker（2010）调查了一语和二语学术写作中的程式语使用情况，发现本族语者在学术写作中使用的指示功能程式语显著多于二语学习者，而使用的文本组织功能程式语显著少于二语学习者。Pan 等（2016）比较了英语电信期刊中一语专家作者和二语专家作者使用程式语的类型与功能，发现二语专家作者使用的程式语在功能上与一语专家作者不同，甚至滥用某些程式语。此外，结构类型与功能类别之间的关系表明，一语专家作者和二语专家作者会使用具有不同结构特征的程式语来服务于相似的功能。

其次是专家作者和学生作者的对比研究。Cortes（2004）对历史和生物两个学科的期刊论文和学生写作进行了程式语语篇功能调查。研究发现，两个语料库中不同的程式语能够发挥相同的语篇功能。生物写作中指示功能程式语被用作时间或地点标记，作为描述性程式语，还用于表示数量。生物学中文本组织功能程式语的次类别比历史学中的目标程式语发挥了更大的语篇功能。生物学中文本组织功能程式语用于表示比较/对比和推断，或基于给定条件连接前后语篇。生物学中立场功能程式语通常是从句形式的，包括 likely to be、is likely to be、it is possible that 和 the probability that the。在已发表的生物学论文语料库中，立场表达功能程式语多数都是用来缓冲肯定的效果，或减弱论断的肯定力度。Hyland（2008a）对四个领域的研究性论文、博士论文和硕士论文中的 4 词结构程式语进行了研究，发现程式语的功能类型与其结构类型紧密相连，如研究导向功能程式语多是“名词短语+of”结构，文本导向功能程式语多是“介词短语”结构，参与者导向功能程式语多是“预期 it”结构。

再次是不同语域的程式语对比研究。Biber 等（2004）调查了课堂教学和教材中程式语的使用情况，研究发现，课堂教学和教材比口语对话使用更多的立场表达功能程式语和文本组织功能程式语。同时，课堂教学和教材比学术语篇使用更多的指示功能程式语。

最后是不同语言水平组的对比研究。Chen 和 Baker（2014）基于朗文学习者语料库调查了二语学生在学术写作中的程式语使用情况。研究发现，低水平写作者比高水平写作者使用更多的数量指示功能程式语；高水平写作者在使用立场表达功能程式语方面比低水平写作者更具学术性和客观性；二语写作中多于 1/3 的程式语发挥了文本组织功能。Staples 等（2013）调查了二语写作者在托福考试写作部分中的程式语使用情况，发现不同语言水平的二语写作者在立场表达功能程式语和文本组织功能程式语的使用方面是相似的，各水平组只出现了少量的指示功能程式语。

以上程式语功能使用研究可以折射出语篇功能与语言产出的关系，即语篇功能的使用可以在一定程度上反映写作质量。学术文本的写作质量不同，使用的程式语也呈现出不同的语篇特征。一般来讲，质量越高的学术写作，程式语使用的语篇功能特征越是接近专家作者。

3.5　程式语的使用与语言产出的关系

程式语的使用与语言产出的关系，可以从口语语境中的程式语研究得到一些启示。口语语境中的程式语研究主要有三个视角：心理语言学视角、发展观视角和教学法视角。心理语言学视角的研究发现，学习者可以通过使用程式语来加快他们的说话速度，并提高他们的整体口语流利性，因为这些程式语可以作为一个整体在记忆中被存储和检索（Ellis et al.，2008；Jiang & Nekrasova，2007；Schmitt，2004；Wray，2002）。发展观视角的研究主要集中在口语产出过程中的程式语运用能力的获得方面（Myles et al.，1999；Qi & Ding，2011）。教学法视角的研究主要关注程式语教学的干预方法和效果（Boers & Lindstromberg，2012）。还有研究发现程式语的使用频率和结构类型能够显著影响二语学习者的语言流利性，以及他们对词汇和语法的习得（Ellis，2012：18）。综合前人研究，我们发现，在口语语境下，程式语使用可促进口语流利性的提升，但在语言复杂性方面可能会阻碍词汇和语法的多样性使用。

在书面语语境中，程式语使用与语言复杂性、准确性和流利性之间的关系是一个比较新的研究课题。Biber 和 Conrad（1999：188）指出，程式语是一种普遍存在的语言现象，随处可见，它们应该是"一种简单的语言表达方式"（simple expressions）。因此我们可以得出一个假设：程式语的使用数量与语言复杂性之间存在负相关关系。现有的口语语境研究也表明，使用更多的程式语，会使书面语产出变得更加流畅。例如，Bestgen（2017：65）发现，程式语的使用这一语言指标是预测写作成绩的"最佳预测因子"。那么，写作质量是否受程式语的使用数量或质量的影响？二语写作中程式语的使用与语言产出的关系究竟是什么？这些问题都值得学界深入探讨。

语言产出的评价可以通过写作成绩或二语习得相关产出指标来测量。前人针对程式语使用与语言产出的关系的研究多采用写作分数测量语言产出（如 Pérez-Llantada，2014；Chen & Baker，2016），忽略了二语习得相关产出指标的测量。大量研究表明，从复杂性、准确性和流利性三个维度测量书面语产出具有较高的效度（Lambert & Kormos，2014；Skehan，2009；Wolfe-Quintero et al.，1998）。那么，探讨学术写作程式语使用与复杂性、准确性和流利性之间的关系就显得尤为重要。

复杂性、准确性和流利性三个维度中，最受程式语运用能力发展研究者关注的是流利性。很多研究者都认为，使用程式语可以促进语言流利性，因为从心理语言学视角分析，程式语在记忆系统里是整体存储和整体提取的（Ellis et al.，2008；Schmitt，2004；Wray，2002）。但还有一些研究发现，程式语的使用与语言流利性没有相关关系（如 Yang，2014）。在书面语中，程式语是"写作流利性的显著标记"（Coxhead & Byrd，2007：135），还是语言产出流利性的重要成分（Hyland，2008b：41）。然而，程式语的使用特征与写作流利性之间的关系还需要大量实证研究去验证。

其次，研究者也关注了程式语的准确性。Qi 和 Ding（2011）针对 56 名中国英语专业学生进行了 3 年的英语学习跟踪，发现中国英语学习者在口语中使用程式语的准确性仍落后于美国学生。Huang（2015）调查了 5990 篇中国英语专业学生的限时议论文写作中的 3~5 词结构程式语的使用情况，发现高年级学生比低年级学生使用更多的程式语，但使用的准确率并没有显著高于低年级学生。

程式语使用与写作复杂性的关系也逐渐引起了学者们的关注。Biber 和 Conrad（1999：188）指出，程式语很常见，可以被看作是"简单的表达"。基于这一论断，我们有个假设：使用更多的程式语可能会抑制学术文本的写作复杂性。该假设可以作为后续研究的新课题，激发更多的学者继续深入探讨程式语使用与写作复杂性的关系。

3.6　小　　结

二语写作语言产出的测量指标是个复杂的话题。一般来讲，写作复杂性可以从句法复杂性和词汇复杂性两个维度考察；写作准确性可以对各类错误的总数进行测量计算；写作流利性可以根据研究目的从文本成品或写作过程两个视角进行测评。根据文献述评，程式语的使用频率、结构类型和语篇功能与学术写作语言产出可能存在一定联系，但前人研究鲜有探讨。据此，本书拟探讨非习语程式语的使用频率、结构类型和语篇功能对中国英语学习者学术写作语言产出的影响，深入分析程式语使用与学术写作流利性、复杂性和准确性的关系，以帮助外语学习者有效习得书面语语境下的非习语程式语，提高其学术英语写作语言的产出能力。

第 4 章

研 究 方 法

本书的总目标是探讨非习语程式语的使用频率、结构类型和语篇功能对中国英语学习者学术写作语言产出的影响，并深入分析程式语的使用与学术写作复杂性、准确性和流利性的关系，分目标有以下四项：①建立中国高水平英语学习者学术写作语料库，以备进行程式语的特征分析；②从使用频率、结构类型和语篇功能等方面分析非习语程式语的使用特征；③厘清程式语的使用特征与学术写作语言产出的复杂性、准确性和流利性之间的关系；④厘清学术写作语言产出三个维度之间的关系。本书具体回答以下五个问题：

（1）学术写作中非习语程式语的使用频率、结构类型、语篇功能等使用特征如何？

（2）非习语程式语的使用特征对学术写作复杂性的影响如何？

（3）非习语程式语的使用特征对学术写作准确性的影响如何？

（4）非习语程式语的使用特征对学术写作流利性的影响如何？

（5）学术写作语言产出三个维度之间存在何种关系？程式语的使用频率能否调节这种关系？

研究过程大致分为三个阶段：建库、分析和探讨。建库是通过分层抽样选取 100 篇英语专业硕士研究生的毕业论文，构建学习者学术写作语料库。分析是指全面分析非习语程式语的使用特征，包括程式语的使用频率、结构类型和语篇功能等方面。探讨是指选取效度较高的语言产出测量指标，对程式语的使用特征与学术写作语言产出的关系进行定量分析。

本章分为七节，为读者提供本书的总体设计和研究路径，内容包含学习者学术写作语料库的创建，程式语的识别及频率计算，程式语的结构类型编码，程式语的语篇功能编码，写作复杂性、准确性和流利性测量，数据收集与分析，以及小结。本章的目的是为研究提供一幅宏观的整体画面，帮助读者了解整个研究的路径。

4.1 学习者学术写作语料库的创建

硕士论文属于教学实践方面的学术语篇体裁，可以体现一个学生的学术能力（Hyland，2008b）。为了获得硕士学位顺利毕业，学生在硕士论文中会尽最大能力展现自己的研究方法和对研究选题的熟悉程度。因此，硕士论文这一体裁符合本书对语料的要求。英语专业硕士生具备较好的英语语言知识功底，他们的硕士毕业论文可以综合反映其英语语言发展状况，为探索学术写作中程式语的使用与语言产出的关系提供真实的写作文本语料。

本书基于中国知网 CNKI 优秀硕士论文数据库，自建学习者学术写作语料库。学习者学术写作语料库是研究学习者程式语使用最为理想的数据来源，一般具有两个显著特点：①包含连续的口头或书面语篇，而不是非文本化的词语、短语或句子；②语篇通常包含学习者自主选择的语言表达，而不是教师指定学习者必须使用的一些特定词语或结构（Paquot & Granger，2012）。此外，由于数据是电子格式的，因此研究者可以运用一整套自动化方法和工具，来识别和分析学习者使用的程式化语言序列。

鉴于语料需具有代表性和平衡性（梁茂成等，2010），本书采用分层抽样方法选取中国高水平英语学习者学术论文样本，兼顾不同类型和不同层次的学校，尽可能平衡覆盖我国各地区各大学的硕士论文。建库工作由笔者及研究助理完成。从数据库下载的 PDF 或 CAJ 格式的硕士论文被逐一转换为纯文本格式，剔除论文扉页、致谢页、摘要、图表、注释、参考文献、附录等，将正文使用 UTF-8 编码保存，用于语料库文本入库；之后进行了先导分析，针对出现的问题制定方案并予以解决。

本书创建的学习者学术写作语料库由我国英语专业学生的 100 篇硕士论文组成，其中包括英语语言文学专业 53 篇，词数为 945 463 个；外国语言学及应用语言学 47 篇，词数为 856 859 个；合计词数为 1 802 322 个。平均每篇词数是 18 023.22 个，标准差为 3018.14。峰度值（−0.79）和偏度值（0.05）都在−1 和 1 之间，说明这 100 篇论文的词数数值呈正态分布。这些论文的完成时间限定于 2014~2018 年，其中包括 2014 年 14 篇、2015 年 16 篇、2016 年 20 篇、2017 年 22 篇、2018 年 28 篇，平均每年 20 篇。这些论文选自东北、华北、西南、西北、华中、华东、华南等地区的 15 所大学，兼顾外国语言类院校和综合类院校，具体信息见表 4.1。

表 4.1　硕士论文基本信息

序号	学校名称	所在省份（自治区、直辖市）	所在地区	论文篇数/篇
1	东北林业大学	黑龙江省	东北地区	4
2	大连外国语大学	辽宁省	东北地区	18
3	北京第二外国语学院	北京市	华北地区	8
4	内蒙古大学	内蒙古自治区	华北地区	2
5	山东师范大学	山东省	华东地区	6
6	上海外国语大学	上海市	华东地区	6
7	广东外语外贸大学	广东省	华南地区	15
8	华南理工大学	广东省	华南地区	4
9	湖南大学	湖南省	华中地区	3
10	郑州大学	河南省	华中地区	5
11	云南师范大学	云南省	西南地区	6
12	电子科技大学	四川省	西南地区	8
13	兰州大学	甘肃省	西北地区	5
14	西安外国语大学	陕西省	西北地区	7
15	新疆大学	新疆维吾尔自治区	西北地区	3
合计				100

4.2 程式语的识别及频率计算

识别程式语的常见方法主要依靠搜索引擎，提取“不同长度、不同截止频率点上的共现词汇”(Cortes, 2004: 399)。在本书中，我们使用 AntConc 软件自动提取 4 词结构程式语——这个长度是程式语研究中最常见的，相比其他长度的程式语可以代表更多的可变结构(Chen & Baker，2010；Cortes，2004；Hyland，2008a)。每百万单词中重复出现 10 次的多词结构可以被认为是高频词块（Biber et al.，1999）。本书中，我们将高频程式语确定为硕士论文中至少重复出现 5 次的词块，这个标准可对应于 Biber 等（1999）的百万分之十的截止频率点。程式语的频率计算以 4 词结构程式语在硕士论文正文中的共现频率为准。

4.3 程式语的结构类型编码

参照 Biber 等（1999）、Cortes（2004）、Chen 和 Baker（2010）对程式语结构类型的分类标准，本书将非习语程式语分为四大类结构：名词短语、介词短语、动词短语、其他结构（具体见表 4.2）。程式语结构类型的编码工作由笔者和研究助理两人共同完成。首先我们按照以上分类标准独立进行了三轮编码，一致率为 98.53%，然后对有分歧的内容进行协商，以达成一致。

表 4.2 程式语的结构类型编码

结构类型	具体分类	程式语举例
名词短语	带 of 的名词短语	the end of the、the base of the、the shape of the、one of the most、the nature of the
	其他后置修饰的名词短语	the way in which、the fact that the、the difference between the、an increase in the

续表

结构类型	具体分类	程式语举例
介词短语	带 of 的介词短语	as a result of、in the context of、of a number of、in the case of
	其他介词短语	at the same time、by the fact that、from the fact that、in the same way、in the present study
动词短语	蕴含预期发生意义的 it 句型	it is possible to、it is impossible to、it is likely that、it is unlikely that、it is important that、it is necessary to
	含被动句式的动词短语	are shown in table、be found in the、can be found in、referred to as the、is related to the、be taken into account
	连系动词 be+名词/形容词词组	is one of the、is part of the、is a matter of、(there) was no significant difference、may be due to、is equal to the
	含 that 从句的动词短语	should be noted that、has been shown that、can be seen that、does not mean that、that there is a、that it is not、studies have shown that
	含介词 to 的动词短语	is likely to be、are more likely to、may be used to、was found to be
	含状语从句的动词短语	as shown in figure、as we shall see、if there is a
	代词/名词短语+be 结构	this is not the、there was no significant、there are a number
其他结构	除名词短语、介词短语、动词短语外的其他结构	as well as the、as well as in、may or may not、the presence or absence

4.4 程式语的语篇功能编码

关于程式语的语篇功能，本书采用 Biber 等（2004）的分类方法，将非习语程式语分为参考指示、文本组织和立场表达三种语篇功能并进行编码（表 4.3）。对于没有发挥语篇功能的程式语，即内容依赖型短语序列（content-dependent sequence），参照 Cortes（2008）和 Hyland（2008a）的定义另行识别并编码。程式语的语篇功能编码工作由笔者和研究助理两人共同完成。我们首先按照以上分类标准进行了三轮独立编码，一致率为95.17%，然后对有分歧的地方进行协商，以达成一致。

表 4.3 程式语的语篇功能编码

语篇功能	定义	程式语举例
参考指示	直接指示物理的或抽象的实体，或给出文本语境本身供参考，其目的或是识别实体，或是从实体中遴选出具有特殊重要意义的专属实体	is one of the、and one of the、the rest of the、and this is the、the size of the、in the form of、the nature of the、in the case of、in terms of the、as a result of、on the basis of、in the absence of、the way in which、the extent which、at the same time、at the time of、as shown in figure、the end of the、the beginning of the、the top of the、at the end of、in the middle of
文本组织	话语组织反映前一个话语和后一个话语之间的关系	in this chapter we、on the other hand、as well as the、in the present study
立场表达	表达对构成命题的确定性的态度或评价	are more likely to、the fact that、it is necessary to、it is important to、can be used to、it is possible to
无语篇功能：内容依赖型短语序列	表达特定研究主题的短语序列，在具体语境中不发挥语篇功能	theory of adaptive transfer、L1 and L2 language、the explicit and implicit

4.5 写作复杂性、准确性和流利性测量

关于写作复杂性的测量，本书基于前人研究（Johnson et al., 2012; Lu, 2012），从词汇复杂性和句法复杂性两个维度测量写作复杂性，以便系统地衡量复杂语言的产生程度。我们使用 Lu（2012）开发的自动分析器，即二语句法复杂性分析器（L2 Syntactic Complexity Analyzer，L2SCA），用该分析器的 25 个词法复杂性指标和 14 个句法复杂性指标测量了学术写作语料库中的每一篇硕士论文的复杂性。研究显示，前人主要从以下三个维度测量词汇复杂性：词汇密度、词汇复杂性和词汇变异（Lu，2012）。其中，研究者最常用的词汇复杂性指标是类符-形符比，这一指标能够很好地反映词汇变化，因此，本书选择该指标测量词汇复杂性。研究还显示，前人主要从以下五个维度测量句法复杂性：语言产出长度、句子复杂性、并

列结构、从属结构、名词化（Bulte & Housen，2014；Lu，2011）。其中，复合名词/子句指标（CN/C）通过计算子句中的复合名词平均数量来衡量句法复杂性，为研究者常用，本书也选择该指标测量句法复杂性。

关于写作准确性的测量，刘国忠和秦晓晴（2010）提出应区别对待不同类型的语法错误，兼顾数量和严重程度。鉴于这种人工检测的工作量巨大，研究者无法投入足够的时间和精力，因此本书使用自动在线语法检查器 Grammarly 检测语法错误，采用“语法错误总数”这一指标收集写作准确性数值。我们计算了学习者学术写作语料库中的每篇硕士论文中出现的语法错误，并以百分比的形式汇报每篇文章的写作准确性。

关于写作流利性的测量，本书没有考虑常用的测量指标“速度”。Latif（2013）认为，仅仅用语言产出速度来衡量写作流利性是有问题的。一些研究者用四个指标衡量受试者的写作流利性：T 单位频数、子句频数、T 单位平均长度和子句平均长度(Dobao，2012；Wigglesworth & Storch，2009)。根据秦晓晴和毕劲（2012）对中国高水平英语学习者的研究，子句比 T 单位在测量写作流利性方面更可靠。综合考虑，本书选择了四个指标：T 单位频数（T）、子句频数（C）、T 单位平均长度（W/T）、子句平均长度（W/C），以尽可能有效地测量写作流利性。综上所述，本书对学术写作复杂性、准确性和流利性的测量指标如表 4.4 所示。

表 4.4　学术写作的复杂性、准确性和流利性测量指标

维度	指标
复杂性	词汇复杂性： 类符-形符比（TTR） 句法复杂性： 复合名词/子句指标（CN/C）
准确性	语法错误总数
流利性	T 单位频数（T） 子句频数（C） T 单位平均长度（W/T） 子句平均长度（W/C）

4.6 数据收集与分析

本书收集了自建学习者学术写作语料库里的每一篇硕士论文的数据，包括程式语的类符（不同类型的 4 词结构程式语的数量）、形符（4 词结构程式语的总体数量）、程式语的结构、程式语的功能，以及写作复杂性、准确性和流利性。每篇论文的词数是不相等的，因此我们根据 Staples 等（2013）的做法，还计算了每百词出现的 4 词结构程式语的相关数值，以确保研究结果能与其他程式语研究进行比较。

我们首先采用描述性统计汇报硕士论文中程式语使用的总体情况，包括使用频率、结构类型和语篇功能等方面的特征。如果数据接近正态分布，我们将采用参数统计检验方法进行推断性统计检验；如果数据不能满足正态分布的假设要求，我们将选择非参数统计检验方法分析变量间的相关性，如采用斯皮尔曼等级相关系数（Spearman's rank correlation）检验分析程式语使用与书面语产出的关系。本书数据统计的显著性水平定为 $p = 0.05$。我们还对语料库里的程式语使用特征进行了定性分析，以进一步解释或补充定量研究的结果。

4.7 小　　结

本章首先阐述了本书的总体设计，包括研究总目标、分目标、研究问题和研究过程；然后详细介绍了自建的学习者学术写作语料库、程式语的识别及频率计算方法、程式语的结构类型和语篇功能编码，以及写作复杂性、准确性和流利性的测量方法；最后解释了数据的收集和分析方法。自建学习者学术写作语料库由我国英语专业学生的 100 篇硕士论文组成，分别来自全国 15 所不同类型的高校。为保证编码结果的信度和效度，笔者及研究助理对各项数据进行三轮独立编码，并检测了编码结果的一致性，对意见不一的地方通过协商讨论确定。数据汇报采用每百词的标准数值，以便与前人研究结果进行对比。数据分析方法包括描述性统计和推断性统计。

第 5 章

学术写作中非习语程式语的使用特征

本章采用描述性统计方法，汇报自建学习者学术写作语料库中硕士生作者使用非习语程式语的总体情况，包括使用频率、结构类型和语篇功能等方面的特征。

5.1 非习语程式语的使用频率

我们将程式语出现的范围（range）设为大于等于 15 篇，N-grams（短语序列）设为 4 词，出现的频次设为大于等于 50 次，提取了 4 词结构程式语的结果。表 5.1 汇报的是 100 篇硕士论文语料库中最常用的 4 词结构程式语，数量共 90 个。这些程式语语义透明、形式普通，都为学习者构建连贯的学术语篇打好了语言基础。另外，这些程式语是采用实证方法提取出来的，提取的依据只是基于频率而不是基于结构，因为它们具有扩展结构单元的特征。

表 5.1 硕士论文最常用的 4 词结构程式语的频率与范围（范围≥15；频率≥50）

程式语	频次/次	范围/篇	程式语	频次/次	范围/篇
from the perspective of	656	85	that is to say	210	51
in the process of	381	69	in the field of	209	59
at the same time	330	77	**in the present study**	203	35
on the other hand	328	87	of the present study	201	46
as well as the	244	64	one of the most	174	65
on the basis of	222	62	in terms of the	168	60

续表

程式语	频次/次	范围/篇	程式语	频次/次	范围/篇
is one of the	165	66	between Chinese and English	75	19
on the one hand	161	56	is no doubt that	75	24
the results of the	153	43	the present study is	74	30
the end of the	139	49	there is no doubt	73	22
with the help of	137	48	the basis of the	72	36
it can be seen	132	45	as a kind of	71	30
at home and abroad	127	51	during the process of	71	34
at the end of	119	53	in other words the	70	42
an important role in	116	52	in this chapter the	69	41
between English and Chinese	114	15	in the following part	68	32
in the form of	114	52	the other hand the	68	35
is a kind of	108	39	as we all know	67	18
the similarities and differences	107	21	can be regarded as	67	33
we can see that	107	29	for the purpose of	67	23
when it comes to	103	37	in accordance with the	67	38
in order to make	99	46	in the aspect of	67	18
it is necessary to	98	46	**it is obvious that**	66	29
as one of the	96	54	the relationship between the	65	34
can be seen that	91	36	to be more specific	65	17
at the beginning of	89	40	under the guidance of	65	19
for a long time	89	37	significance of the study	63	32
can be divided into	87	46	it is found that	62	18
the analysis of the	85	38	can be seen as	61	33
the beginning of the	85	40	for the sake of	61	35
a large number of	84	39	that there is no	61	31
plays an important role	79	42	the total number of	61	15
to find out the	77	34	for the first time	60	39
with the development of	76	37	is based on the	60	39
a better understanding of	75	36	higher than that of	59	19

续表

程式语	频次/次	范围/篇	程式语	频次/次	范围/篇
is to say the	59	28	in line with the	54	27
significant difference between the	59	20	the fact that the	54	34
the development of the	58	31	the same time the	54	25
to get rid of	58	26	can be seen from	53	31
of second language acquisition	57	20	the use of the	53	26
of the study the	57	33	to the fact that	52	28
pay attention to the	56	23	can be used to	51	24
the present study the	56	28	is regarded as the	51	25
can be found in	55	28	as a matter of	50	28
that there is a	55	31	the meaning of the	50	26

我们发现排在前十位最常用的程式语是:“from the perspective of”(656次)、“in the process of”(381次)、“at the same time”(330次)、“on the other hand”(328次)、“as well as the”(244次)、“on the basis of”(222次)、“that is to say”(210次)、“in the field of”(209次)、“in the present study”(203次)、“of the present study”(201次)。这些程式语出现的频率从201次到656次不等，出现于硕士论文中的篇数从35篇到87篇不等，说明前十位最常用的程式语确实是大多数硕士生经常使用且重复使用的。

其中，频率排位第四的“on the other hand”在Simpson-Vlach和Ellis(2010)创建的学术程式语表(Academic Formulas List)里不但出现了，而且也是按照频率大小排在第四位；“in the present study”和“it is obvious that”也出现在这个学术程式语表里。总体来说，本书自建学习者学术写作语料库中，学生作者在硕士论文中使用的高频程式语较少出现在Simpson-Vlach和Ellis(2010)创建的学术程式语表里。这说明学生作者的程式语使用能力仍然较弱，高频使用的程式语并非是本族语作者在学术写作中典型使用的。这一发现与前人研究结果一致(Cortes，2004)，即二语学习者较少使用专家作者常用的程式语，却过度使用另一些特定的程式语。Bestgen 和 Granger（2014）对二语学习者的程式语使用情况进行了历时研究，发现非本族语作者确实高频使用那些本族语作者不常使用的程式语，但随着写作水平的提高，使用数量逐渐减少了。

表 5.2 汇总的是本书自建学习者学术写作语料库中每一篇硕士论文的词数及程式语的形符和类符频数。统计分析表明，形符的最大值为 5358，最小值为 137，均值为 607.16，标准差为 643.53，合计为 60 552；类符的最大值为 604，最小值为 17，均值为 70.49，标准差为 67.53，合计为 7043。论文的词数最大值为 24 633，最小值为 10 510，均值为 18 023.22，标准差为 3018.14，合计为 1 802 322。尽管论文的词数、程式语的形符和类符频数的最大值和最小值之间有较大的数值差异，但经过卡方检验，这些差异均未达到显著性水平。

表 5.2　硕士论文的词数与程式语的形符和类符统计

编号#	词数	形符	类符	编号#	词数	形符	类符
1	14 703	399	47	18	18 613	217	31
2	16 147	961	121	19	19 783	748	79
3	17 017	598	90	20	16 657	784	83
4	17 185	2841	242	21	19 954	269	35
5	14 210	791	102	22	17 096	868	93
6	21 373	977	118	23	13 550	401	57
7	21 299	803	107	24	21 070	381	42
8	14 349	445	65	25	18 978	225	30
9	18 481	499	57	26	20 854	529	71
10	18 192	284	22	27	15 253	715	85
11	20 306	884	67	28	21 043	1002	132
12	21 046	552	74	29	18 769	693	78
13	18 274	642	78	30	23 600	212	32
14	18 999	918	89	31	22 497	623	74
15	19 609	215	29	32	19 322	355	54
16	16 431	352	36	33	19 780	163	22
17	22 819	707	82	34	20 408	1115	111

续表

编号#	词数	形符	类符	编号#	词数	形符	类符
35	18 199	978	119	68	14 901	843	61
36	15 201	948	100	69	21 457	204	32
37	20 821	771	99	70	13 578	839	87
38	15 663	256	30	71	15 650	350	46
39	22 808	544	84	72	17 564	137	21
40	14 646	476	54	73	14 743	143	17
41	13 282	391	50	74	16 125	789	88
42	14 698	886	114	75	18 191	189	26
43	20 497	449	53	76	15 209	310	41
44	13 503	222	29	77	20 334	171	21
45	19 324	449	63	78	17 882	174	20
46	16 677	588	73	79	13 640	333	44
47	21 041	482	58	80	21 591	1562	117
48	12 505	211	35	81	19 226	325	43
49	19 086	566	80	82	17 038	420	39
50	17 195	686	76	83	16 908	574	71
51	20 670	354	44	84	16 786	636	73
52	21 788	305	41	85	14 797	213	27
53	22 943	390	57	86	21 556	198	30
54	23 886	244	32	87	18 075	463	62
55	21 501	236	33	88	13 563	203	24
56	16 481	151	25	89	20 512	237	18
57	24 633	279	38	90	15 012	162	24
58	14 576	413	46	91	17 935	2449	246
59	15 200	1789	186	92	18 601	832	101
60	23 087	320	48	93	17 896	997	108
61	22 111	534	67	94	22 276	567	66
62	15 776	349	57	95	19 159	851	91
63	10 510	569	50	96	14 885	302	41
64	15 613	533	76	97	18 486	159	21
65	15 981	5358	604	98	14 621	452	54
66	19 755	281	33	99	16 084	466	68
67	15 730	201	30	100	14 987	725	96
合计	词数：1 802 322；形符：60 552；类符：7 043						

我们又按照程式语的形符和类符频率的 33%进行分组，前 33%为高频组（频率大于等于 636 次），后 33%为低频组（频率小于等于 325 次）、中间的部分为中频组。表 5.3 汇报的是程式语高、中、低频组的描述性统计数据及单因素方差分析结果。高频组的形符均值为 1132.97，标准差为 901.25，类符均值为 122.41，标准差为 94.30；中频组的形符均值为 466.06，标准差为 85.92，类符均值为 58.06，标准差为 10.17；低频组的形符均值为 224.79，标准差为 54.05，类符均值为 29.24，标准差为 6.88。经单因素方差分析，形符和类符的三个频率分组均显示有显著性差异（$p = 0.00 < 0.05$）。

表 5.3　程式语高、中、低频组的描述性统计及单因素方差分析

类别	分组	篇数	均值	标准差	均值的 95%置信区间		F	p
					下限	上限		
形符	高	33	1132.97	901.25	813.40	1452.54	26.94	0.00
	中	34	466.06	85.92	436.08	496.04		
	低	33	224.79	54.05	205.62	243.95		
类符	高	34	122.41	94.30	89.51	155.31	24.86	0.00
	中	33	58.06	10.17	54.45	61.67		
	低	33	29.24	6.88	26.80	31.68		

表 5.3 显示了硕士生作者在学术写作程式语高、中、低三个频率组间的差异达到显著性水平，这一发现说明非本族语学习者在程式语使用方面存在个体差异。基于学习者语料库的前人研究多探讨学生作者使用程式语的整体特征。例如，有研究发现，非本族语本科生使用目标程式语的频率随着学习阶段的提高而提高（Qin，2014）。掌握不同水平学习者的程式语个体使用特征有助于我们综合理解非本族语学习者的语言习得过程。本书将在不同程式语频率组间进行比较，以期更加深入地探析程式语使用的个体差异与学术写作语言产出的关系。

高频组是自建学习者学术写作语料库中使用程式语较多的一组论文，分析高频组论文的程式语使用情况可以让我们从频率视角解释硕士生作者使用较多程式语的原因。为此，我们又对高频组 33 篇论文中的程式语进行了个案研究，内容包括程式语的类符-形符比和重复使用同一程式语的最高频率（表 5.4）。可以看出，就单篇硕士论文的程式语使用而言，存在的最突出的一个特征是重复使用同一个程式语，使用频率为 21~165 次。例如，编号为 35 的论文就使用程式语“as we all know”多达 42 次，即同一个程式语在单篇论文中重复使用 42 次，程式语的类符-形符比也非常低(0.12)。这说明从总体上看，硕士生作者使用程式语的频率较高，不是因为他们使用了多种多样的程式语，而是因为大量重复使用特定的程式语，即高频组硕士论文使用程式语的突出问题是缺乏多样性，且重复使用相同程式语。

表 5.4　高频组论文程式语使用特征

编号#	形符	类符	类符-形符比	同一程式语（最高频率）
65	5358	604	0.11	of the native language（165）
59	1789	186	0.10	Chinese fictive motion constructions（159）
80	1562	117	0.07	of Chinese dish names（133）
91	2449	246	0.10	Chinese learners of English（114）
68	843	61	0.07	outlaws of the marsh（110）
14	918	89	0.10	the small southern town（90）
11	884	67	0.08	PBI courses on ESCA（84）
70	839	87	0.10	classical view of categorization（83）
37	771	99	0.13	the three body problem（77）
4	2573	221	0.09	explicit and implicit teaching（69）
2	956	121	0.13	and American English editorials（65）
34	1115	111	0.10	Chinese academic book reviews（55）
17	707	82	0.12	in results and discussion（55）
36	948	100	0.11	of ESA teaching model（55）
50	686	76	0.11	of English animal idioms（50）
27	715	85	0.12	the more informative context（47）
20	784	83	0.11	the semantic prosody of（46）
74	789	88	0.11	big breasts and wide（46）

续表

编号#	形符	类符	类符-形符比	同一程式语（最高频率）
84	636	73	0.11	in business English writing（44）
22	868	93	0.11	the SYEMs under CBI（42）
35	978	119	0.12	as we all know（42）
92	832	101	0.12	in the two corpora（39）
19	748	79	0.11	of first person reference（37）
93	997	108	0.11	of recasts and MF（36）
29	693	78	0.11	Chinese and American sitcoms（34）
42	886	114	0.13	the receptive vocabulary size（32）
95	851	91	0.11	the binary opposition between（30）
100	725	96	0.13	in English and Chinese（29）
5	769	99	0.13	of cohesive devices in（29）
7	803	107	0.13	of Dalian and Shenzhen（24）
13	642	78	0.12	the effectiveness of WCF（24）
28	1002	132	0.13	in the current study（23）
6	970	117	0.12	in the FC and（21）

在同一篇论文中大量重复使用同一程式语，说明硕士生作者在学术写作中用词非常贫乏。前人研究也得出了类似的结果（Cortes, 2004; Granger, 1998; Hyland, 2008b; Milton, 1999）。这一现象应引起研究者和教师的关注。以下是从硕士论文中抽取的段落样文，画线部分为多次重复使用的程式语。

例 1：The total errors of these 104 compositions are 738, in which errors caused by the interference <u>of the native language</u> are 518 and intralingual errors are 220, which are shown in Table 5.1.2. We can see from the table that although students make some errors, which cannot be explained by the interference <u>of the native language</u>, the ratio of the interlingual errors reaches 70%. That is to say, most errors can be explained by the interference of the native language. （#65[①]）

例 2：It is very crucial for the production of language transfer that the meme of the native language learners have had accepts or rejects the meme of the TL in the process of foreign language acquisition. If there is a significant difference between the information of the native language and the meme of the TL, learners will take avoidable attitude. Therefore, the meme of the native language cannot be replicated, which cannot influence the acquisition of foreign language or L3. In this way, the transfer of the native language will not happen. Only if there is similarity between the native language and the TL in some aspects can the meme of the native language influence the foreign language learning, in which the effect of the transfer of the native language can be reflected. （#65）

例 3：To be more exact, the higher the Chinese proficiency is, the better the NES Chinese learners are able to understand Chinese fictive motion constructions. NES Chinese learners' production of Chinese fictive motion constructions develops alongside their general Chinese proficiency. To put it differently, the higher the Chinese proficiency is, the better the NES Chinese learners are able to produce Chinese fictive motion constructions. For the purpose of examining the hypotheses, a task for sentence grammaticality and meaningfulness judgment was conducted on NES Chinese learners for their understanding of Chinese fictive motion constructions and a translation task was also applied to examining their production of

① 本书中，例句后的"#"表述论文编号，后文余同。

Chinese fictive motion constructions.（#59）

例 4：First and foremost, the study will reveal L2 acquisition characteristics of Chinese fictive motion constructions. With this, NES Chinese learners will be equipped with the knowledge of Chinese fictive motion constructions as well as both the syntactic and the semantic properties with Figure, Path, Manner and Distance, respectively. In this regard, they will be able to acquire Chinese fictive motion constructions more sufficiently and efficiently. Second, the results will give teachers who teach foreigners Chinese a detailed picture of NES Chinese learners' acquisition characteristics of Chinese fictive motion constructions. Accordingly, those teachers will be able to adopt a more efficient and sufficient teaching method in their instruction of Chinese fictive motion constructions.（#59）

针对以上现象，Cortes（2004：414）认为程式语的重复使用是“学生作者尝试在学术写作的不同部分使用这些组合的一种过度概括的形式”。Granger（1998：156）也给出了学生作者大量重复使用程式语的原因，即“学生坚持使用他们认为有信心使用的某些固定短语和表达”。前人研究发现，与高水平作者相比，低水平作者更倾向于使用更多的程式语（Staples et al.，2013）。与专家作者相比，二语学生作者水平较低，他们确实严重依赖程式化表达（Hyland，2008b；Myles et al.，1998）。因此，在二语学生作者的学术写作中发现大量程式语，可能不是因为他们已经掌握了大量的程式语，能够自由运用，而是因为他们重复使用了特定的程式语，导致程式语的总体数量增大。

5.2　非习语程式语的结构类型

我们分析了自建学习者学术语料库中最常用的 90 个 4 词结构程式语的结构类型（提取标准同 5.1 小节）。表 5.5 按照本书的分类标准，分别汇报这 90 个程式语的结构类型。分析发现，硕士论文最常用的 4 词结构程式语中，具有绝对优势的介词短语（P）占 41%（37 个），其次是动词短语(V)占 35%（31 个），使用较少的是名词短语(N)占 23%（21 个），以及其他（O）占 1%（1 个）。

表 5.5　硕士论文最常用 4 词结构程式语的结构类型（范围≥15；频率≥50）

程式语	结构类型	程式语	结构类型
from the perspective of	P	the basis of the	N
in the process of	P	as a kind of	P
at the same time	P	during the process of	P
on the other hand	P	in other words the	P
as well as the	O	in this chapter the	P
on the basis of	P	in the following part	P
that is to say	V	the other hand the	N
in the field of	P	as we all know	V
in the present study	P	can be regarded as	V
of the present study	P	for the purpose of	P
one of the most	N	in accordance with the	P
in terms of the	P	in the aspect of	P
is one of the	V	it is obvious that	V
on the one hand	P	the relationship between the	N
the results of the	N	to be more specific	V
the end of the	N	under the guidance of	P
with the help of	P	significance of the study	N
it can be seen	V	it is found that	V
at home and abroad	P	can be seen as	V
at the end of	P	for the sake of	P
an important role in	N	that there is no	V
between English and Chinese	P	the total number of	N
in the form of	P	for the first time	P
is a kind of	V	is based on the	V

续表

程式语	结构类型	程式语	结构类型
the similarities and differences	N	higher than that of	V
we can see that	V	is to say the	V
when it comes to	V	significant difference between the	N
in order to make	P	the development of the	N
it is necessary to	V	to get rid of	V
as one of the	P	of second language acquisition	P
can be seen that	V	of the study the	P
at the beginning of	P	pay attention to the	V
for a long time	P	the present study the	N
can be divided into	V	can be found in	V
the analysis of the	N	that there is a	V
the beginning of the	N	in line with the	P
a large number of	N	the fact that the	N
plays an important role	V	the same time the	N
to find out the	V	can be seen from	V
with the development of	P	the use of the	N
a better understanding of	N	to the fact that	P
between Chinese and English	P	can be used to	V
is no doubt that	V	is regarded as the	V
the present study is	V	as a matter of	P
there is no doubt	V	the meaning of the	N

从表 5.5 看，最常用的 90 个程式语中，名词短语结构的程式语有带 of 的名词短语，如“the basis of the”“the results of the”“a better understanding of”“the analysis of the”等，也有带其他后置修饰的名词短语，如“the fact that the”“significant difference between the”“the relationship between the”等。介词短语结构的程式语有带 of 的介词短语，如“of the present study”“of second language acquisition”等，也有其他介词短语，如“on the basis

of” “with the help of” “at home and abroad” “at the beginning of”等。动词短语结构的程式语有以下几类：①蕴含预期发生意义的 it 句型，如“it is necessary to”；②含被动句式的动词短语，如“can be divided into”；③连系动词 be+名词/形容词词组，如“is no doubt that”；④含介词 to 的动词短语，如“can be used to”；⑤含状语从句的动词短语，如“as we all know” “when it comes to”；⑥代词/名词短语+be 结构，如“there is no doubt”。

我们统计了语料库每一篇论文中程式语的结构类型。编码结构表明，硕士论文共包含四种结构类型的程式语：名词短语结构、介词短语结构、动词短语结构和其他结构。

以下是从自建学习者学术写作语料库中抽取的句子，画线部分为不同结构类型的程式语。

例 5：Language transfer has been a controversial issue in the field of the Second Language Acquisition for a long time.（介词短语结构 #01）

例 6：As a result of the variety of trauma, scholars give their own views on different types of trauma.（介词短语结构 #33）

例 7：In the 1990s, “borders” and “borderlands” have become one of the most popular and used concepts in literary criticism.（名词短语结构 #10）

例 8：In accordance with the translation result, both Han and Dai students made a large number of errors in the collocation of words.（名词短语结构 #65）

例 9：It is important to examine the talk through which these competencies are being developed and enacted.（动词短语结构 #31）

例 10：It is a kind of difference between superficial form of the characters and truly emotion behind them.（动词短语结构 #75）

从程式语结构类型的描述性统计（表 5.6）可以看出，四种结构类型中，名词短语结构使用的频率最高（M = 38.22），占所有使用程式语的 54.47%；其次是介词短语结构（M = 17.38），占比 24.77%；再次是动词短语（M = 13.86），占比 19.75%；最少的是其他结构（M = 0.71），占比 1.01%。从极小值来看，所有论文都使用了名词短语结构和介词短语结构的程式语，一小部分论文未使用动词短语结构的程式语。从偏度值和峰度值来看，四种结构的程式语使用频率均不在–1 和 1 之间，说明数据不呈现正态分布。基于这一数据特征，本书的后续推断性统计将采用非参数统计方法。

表 5.6　程式语结构类型的描述性统计

结构类型	极小值	极大值	均值（M）	标准差	偏度	峰度	合计	占比
名词短语	8	308	38.22	35.83	4.83	32.77	3822	54.47%
介词短语	2	130	17.38	14.55	4.99	36.30	1738	24.77%
动词短语	0	164	13.86	18.69	5.67	42.56	1386	19.75%
其他结构	0	8	0.71	1.24	2.93	12.22	71	1.01%

本书的程式语结构类型使用排名顺序由多到少为：名词短语结构、介词短语结构、动词短语结构、其他结构。前人对非本族语者使用的程式语结构类型的研究结果有所不同。Qin（2014）对美国高校 20 名非本族语应用语言学专业研究生的 136 篇学术写作进行了研究，发现学生作者使用了多种结构类型的 5 词结构程式语，其中介词短语结构占到了 41.63%，动词短语结构占到了 33.46%，名词短语结构占到了 12.27%，其他结构占到了 12.64%。Biber 等(1999)对 4 词结构程式语的研究发现，占比 66%的是名词短语结构和介词短语结构。本书中，动词短语结构的程式语类型占比较少（19.75%），而前人研究（如 Biber et al.，1999；Hyland，2008a, 2008b）发现动词短语结构的程式语正是学术写作而非口语会话的语言使用特征。

5.3　非习语程式语的语篇功能

我们统计了自建学习者学术写作语料库的每一篇论文中程式语的语篇

功能。编码结果表明，硕士论文中的程式语共发挥了三种不同的语篇功能：参考指示功能（R）、文本组织功能（D）、立场表达功能（S）。还有一部分属于内容依赖型程式语（C），未发挥具体语篇功能。我们还分析了语料库中最常用的90个4词结构程式语的语篇功能(提取标准同5.1小节)。表5.7按照本书的分类标准，分别汇报这90个程式语的语篇功能。分析发现硕士论文最常用的4词结构程式语中，参考指示功能程式语占绝对优势43%（39个），其次是文本组织功能程式语占36%（32个），使用较少的是立场表达功能程式语占18%（16个），无语篇功能即内容依赖型程式语（C）占3%（3个）。

表5.7　硕士论文最常用4词结构程式语的语篇功能（范围≥15；频率≥50）

程式语	语篇功能	程式语	语篇功能
from the perspective of	R	the basis of the	R
in the process of	D	as a kind of	S
at the same time	R	during the process of	R
on the other hand	D	in other words the	D
as well as the	D	in this chapter the	D
on the basis of	R	in the following part	D
that is to say	R	the other hand the	D
in the field of	D	as we all know	S
in the present study	D	can be regarded as	S
of the present study	R	for the purpose of	D
one of the most	R	in accordance with the	D
in terms of the	R	in the aspect of	R
is one of the	R	it is obvious that	S
on the one hand	D	the relationship between the	D
the results of the	R	to be more specific	D
the end of the	R	under the guidance of	D
with the help of	D	significance of the study	R
it can be seen	S	it is found that	D

续表

程式语	语篇功能	程式语	语篇功能
at home and abroad	R	can be seen as	S
at the end of	R	for the sake of	D
an important role in	S	that there is no	R
between English and Chinese	C	the total number of	R
in the form of	R	for the first time	D
is a kind of	S	is based on the	R
the similarities and differences	R	higher than that of	D
we can see that	S	is to say the	D
when it comes to	D	significant difference between the	D
in order to make	D	the development of the	R
it is necessary to	S	to get rid of	D
as one of the	R	of second language acquisition	C
can be seen that	S	of the study the	R
at the beginning of	R	pay attention to the	R
for a long time	R	the present study the	D
can be divided into	S	can be found in	S
the analysis of the	R	that there is a	R
the beginning of the	R	in line with the	D
a large number of	R	the fact that the	R
plays an important role	D	the same time the	R
to find out the	D	can be seen from	D
with the development of	R	the use of the	R
a better understanding of	R	to the fact that	R
between Chinese and English	C	can be used to	S
is no doubt that	S	is regarded as the	D
the present study is	D	as a matter of	R
there is no doubt	S	the meaning of the	R

从表 5.7 看，最常用的 90 个程式语中，发挥参考指示功能的程式语有

的是直接指示物理的或抽象的实体，如“the fact that the”“that there is a”等；有的给出文本语境本身供参考，其目的或是识别实体，或是从实体中遴选出具有特殊重要意义的专属实体，如“from the perspective of”“at the end of”等。发挥文本组织功能的程式语在话语组织中反映前一个话语和后一个话语之间的关系，如“the present study is”“significant difference between the”等。发挥立场表达功能的程式语表达对构成命题的确定性的态度或评价，如“as we all know”“is no doubt that”“can be used to”等。内容依赖型程式语，如“of second language acquisition”“between Chinese and English”等，只是表达了特定研究主题的相关学术信息，一般不在学术文本中发挥具体的语篇功能。

本书按照 Staples 等（2013）的操作办法，在对程式语进行语篇功能编码时，将内容依赖型程式语排除在外，如“between English and Chinese”等。以下是从学习者学术写作语料库中抽取的句子，画线部分为不同语篇功能的程式语。

例 11：A dominant pattern <u>in the current study</u> refers to the prosodic categories employed by half or more of the members in each group.（参考指示功能 #26）

例 12：Since a variety of phenomena have been subsumed under this category, a consensus about <u>the aim of the</u> study cannot be reached.（参考指示功能 #79）

例 13：However, <u>it should be noted</u> that the anxiety level of the high proficiency group is the lowest of the three groups before and after the experiment.（文本组织功能 #36）

例 14：<u>On the other hand</u>, sections revised in a different color pen could serve as a highlight, which makes it easier to compare between the first draft and second draft.（文本组织功能 #52）

例 15：The contradiction probably lies in <u>the fact that the</u> stimulus words in the current study were largely different from those in previous studies.（立场表达功能 #28）

例 16：If the cohesion value in the ICG was higher than that in the PWG, it is likely that the continuation task could improve writing cohesion.（立场表达功能 #44）

学术程式语表（Simpson-Vlach & Ellis，2010）是基于期刊研究性论文和英国国家语料库（BNC）的学术语篇创建的，相较于通用学术词表（Academic Word List）（Coxhead，2000），在学术英语教学实践中更实用。学术程式语表既包含口语语体中使用频率较高的程式语，也包含书面语语体中常用的程式语，因此也可称为学术写作核心程式语表。该词表按语篇功能分类（Simpson-Vlach & Ellis，2010），共有三类程式语：参考指示功能程式语、立场表达功能程式语、文本组织功能程式语。

第一类参考指示功能程式语包含以下子功能：①属性指定（specification of attributes），有三种类型，即无形框架属性（intangible framing attributes），如“(in) such a (way)”“the distribution of”“the problem of”；有形框架属性（tangible framing attributes），如“the change in”“(the) part(s) of the” “(the) size of (the)”；数量规格（quantity specification），如“a list of”“both of these”“of the second”。②识别与重点（identification and focus），如 “a variety of” “it is not” “that this is” 。③对照与比较（contrast and comparison），如 “and the same” “different from the” “is much more”。④指示词与方位词（deictics and locatives），如“the real world” “of the system” “at the time of” 。⑤模糊标记（vagueness markers），如 “and so on” 。

第二类立场表达功能程式语包含以下子功能：①模糊限制语（hedges），如 “(more) likely to (be)” “may not be” “to some extent” ；②认识立场（epistemic stance），如“according to the”“assume that the”“to show that” “we can see” ；③义务与指令（obligation and directive），如 “need not be” “should also be” “take into account (the)” ；④能力与可能性表达（expressions of ability and possibility），如“can be used (to)”“allows us to” “be used as a”；⑤评价（evaluation），如“the importance of”“important role in”“it is important (to)”“it is necessary (to)”；⑥意图/意志、预测（intention/volition、prediction），如“to do so”“we do not”。

第三类文本组织功能程式语包含以下子功能：①元话语和语篇指称（metadiscourse and textual reference），如“as shown in”“in the next section”“shown in table”；②话题介绍及焦点（topic introduction and focus），如“for example (if/in/the)”“what are the”；③话题阐述（topic elaboration），有两种类型，即非因果关系（non-causal relationship），如“are as follows”“in more detail”“see for example”“such as those”，以及因果关系（cause and effect），如“due to the”“so that the”“the reason for”；④话语标记语（discourse markers），如“and in the”“as well as”“at the same (time)”“(in) other words (the)”。

本书中的 4 词结构程式语在这三大语篇功能的子功能方面也有不同程度的发挥和表现，以下为示例。

例 17：And these moves can typically function as means to frame the advice in such a way that makes it acceptable to the advice-seeker.（参考指示——属性指定，#51）

例 18：The students had learned English for at least 6 years at the time of the investigation, and none of them had ever been abroad for over three months.（参考指示——指示方位，#46）

例 19：It has been argued that the vocabulary development of a language, second and foreign in particular is more likely to be generally implicit or incidental beyond a certain level of proficiency.（立场表达——模糊限制，#27）

例 20：For studies on the relations of discourse and sexism, Van Dijk adds that they should not limit themselves to the analysis of specific linguistic structures only, but also take into account the text-context relations.（立场表达——义务指令，#43）

例 21：And in the next section, their opinions about the characteristics of the categories are also distinct.（文本组织——元话语，#70）

例 22：At the same time, the cognition and emotion are separated from each other in English teaching at vocational colleges.（文本组织——话语标记，#36）

由描述性统计分析可以看出（表 5.8），发挥三种不同语篇功能的程式语里，参考指示功能程式语使用的频率最高（$M = 15.60$），占所有使用程式语的 22.23%；其次是立场表达功能程式语（$M = 2.37$），占比 3.38%；最少的是文本组织功能程式语（$M = 1.40$），占比 1.99%。从极小值来看，所有论文都使用了参考指示功能程式语，一小部分论文未使用文本组织功能程式语或立场表达功能程式语。从偏度值和峰度值来看，三种类型语篇功能的程式语使用频率均不在–1 和 1 之间，说明数据不呈现正态分布。基于这一数据特征，本书的后续推断性统计将采用非参数统计方法。

表 5.8　程式语的语篇功能描述性统计

语篇功能	极小值	极大值	均值（M）	标准差	偏度	峰度	合计	占比
参考指示	1	132	15.60	16.33	4.14	26.05	1560	22.23%
文本组织	0	15	1.40	2.24	3.46	16.28	140	1.99%
立场表达	0	25	2.37	3.49	3.38	17.62	237	3.38%
无语篇功能：内容依赖	10	432	50.80	48.57	5.34	38.83	5080	72.40%

另外，内容依赖型程式语的均值是 50.80，占比 72.40%，偏度值为 5.34，峰度值为 38.83。与其他三种语篇功能相比，内容依赖型程式语使用最多，占比最大，说明硕士生作者虽大量使用程式语，但绝大多数程式语都是与研究话题紧密相关，未能发挥具体的语篇功能，如参考指示、文本组织和立场表达。

本书中的程式语语篇功能使用排名顺序由多到少为：参考指示功能、

立场表达功能、文本组织功能。文本组织功能程式语使用较少，说明硕士生作者在使用程式语时，对其能发挥文本组织语篇功能的认识不够，很少使用文本组织功能的一些子功能，如解释、举例和聚焦。这一发现与前人相关研究结果有较大差异。Qin（2014）对美国高校 20 名非本族语应用语言学研究生的 136 篇学术写作进行了研究，发现学生作者使用了具有不同语篇功能的程式语，其中文本组织功能程式语占比最大，其次是参考指示功能程式语，最少的是立场表达功能程式语。这是因为在以研究为导向的写作任务中，尤其是研究生的学术论文写作，需要大量能够发挥文本组织功能的程式语来构建学术语篇。本书中文本组织功能程式语最少，反映出硕士生作者在学术论文写作中，研究意识还不够强，尚不能够熟练运用文本组织功能程式语来构建语篇。

硕士生作者在学术写作中过度使用内容依赖型程式语，这一研究结果与前人研究中的专家作者的程式语使用特征不尽一致（Csomay，2013）。这主要是因为本书不是将语料库作为整体从中提取程式语，而是基于硕士生作者个体分别从每篇硕士论文中提取程式语。我们在硕士论文中按照 Biber 等（1999）的百万分之十的截止频率点为基准，提取至少在单篇论文中重复出现 5 次的 4 词结构程式语。因此，对于单篇论文来说，在提取出来的程式语中，有大量与研究话题紧密相关的 4 词结构程式语，因此内容依赖型程式语的数量偏多是可以理解的。不过，这一发现还是能够在某种程度上反映出学生作者英语词汇的多样性运用较为匮乏，且缺乏程式语的语篇功能意识，并且过度使用内容依赖型程式语。这一点也是学生作者的程式语使用特征之一。

5.4　非习语程式语使用特征的原因分析

本书发现，硕士生作者在学术写作中的程式语的整体使用能力较弱。简言之，硕士生作者使用程式语的数量较多，但质量不高，导致与专家作者的使用特征差异较大。Irujo（1993）也认为学界更应该重视学习者的程式语使用质量而不是数量。他指出二语学习者的程式语运用能力比其他语言能力滞后，但并不是在使用的数量上，而是缺乏多样性，这主要是因为缺少足够的程式语输入（Schmitt，2014），具体表现有以下几点。

首先，在频率特征方面，学生作者过度依赖程式语，但却很少使用本族语者和专家作者高频使用的程式语，且程式语的使用缺乏多样性，存在单篇论文中大量重复使用特定程式语的现象。在本书的自建学习者学术写作语料库中，学生作者在硕士论文中使用的高频程式语较少出现在Simpson-Vlach 和 Ellis（2010）创建的学术程式语表里。这说明硕士生作者的程式语运用能力仍然较弱，高频使用的程式语并非是本族语作者在学术写作中典型使用的。这一发现与前人研究结果一致（Cortes，2004；Hyland，2008b），即二语学习者较少使用专家作者常用的程式语，却过度使用另一些特定的程式语。Bestgen 和 Granger（2014）对二语学习者的程式语使用情况进行了历时研究，发现非本族语作者确实高频使用那些本族语作者不常使用的程式语，但随着写作水平的提高，使用数量逐渐减少了。硕士生作者使用程式语缺乏多样性，这也是一个普遍存在的现象。前人很多研究都发现，相较于非本族语学生作者，本族语学生作者会使用更多不同形式和类型的程式语（Ädel & Erman，2012；Chen & Baker，2010；Li & Schmitt，2009）。

关于硕士生作者在单篇论文中大量重复使用特定程式语现象，Cortes（2004：414）认为程式语的重复使用是“学生作者尝试在学术写作的不同部分使用这些组合的一种过度概括的形式”。Granger（1998：156）也给出了学生作者大量重复使用程式语的原因，即“学生坚持使用他们认为有信心使用的某些固定短语和表达”。在学术语篇中，重复使用程式语不但显得词汇运用单调乏味，阅读起来也感觉烦冗，这确实是一个值得关注的问题（如 Hyland，2008a；Milton，1999）。因此，写作教师应该提醒学生作者不要在单篇研究论文中过多地重复使用相同的程式语。前人研究发现，与高水平作者相比，低水平作者更倾向于使用更多的程式语（Staples et al.，2013）。与专家作者相比，二语学生作者的学术写作水平较低，他们确实严重依赖程式化表达（Hyland，2008a；Myles et al.，1998）。因此，在二语学生作者的学术写作中发现大量程式语，可能不是因为他们已经掌握了大量的程式语，能够得以自由运用，而是因为他们重复使用了特定的程式语，导致程式语的总体数量增大。

其次，在结构类型方面，本书的程式语结构类型使用不平衡，使用排名顺序由多到少为：名词短语结构、介词短语结构、动词短语结构。前人对非本族语者使用的程式语结构类型的研究结果各不相同。Qin（2014）对美国高校 20 名非本族语应用语言学研究生的 136 篇学术写作进行了研究，发现学生作者使用了多种结构类型的 5 词结构程式语，频数由多到少依次为：介词短语结构、动词短语结构、名词短语结构、其他结构。Biber 等(1999)对 4 词结构程式语的研究发现，比例较大的是名词短语结构和介词短语结构。在本书中，程式语是基于每一篇硕士论文而提取的，具有个体特征，而其他研究是语料库整体提取，具有共性特征。因此，本书中含有大量的名词短语结构程式语，是因为里面存在很多与研究主题紧密相关的名词性程式语；而基于语料库整体提取程式语，会在提取过程中按照要求的频率和覆盖率将很多主要为名词短语结构的内容依赖型程式语过滤掉。即便本书中使用最多的是名词短语结构，与前人相关研究的结果一致（如 Biber et al.，1999），也不能说明本书中的硕士生作者与专家作者或本族语作者的程式语使用特征接近。事实上，两者还存在相当大的差距。另外，我们建议学术英语教师在课堂教学中引导学习者平衡使用各种类型的程式语结构（Vincent，2013）。

前人研究（如 Biber et al.，1999；Hyland，2008a，2008b）发现动词短语结构的程式语正是学术写作而不是口语会话的语言使用特征。潘璠（2016）对我国出版的机械类英文期刊的调查发现，我国专家作者在期刊论文中使用最多的是动词短语结构的程式语。本书中，动词短语结构的程式语类型占比较少，这一结果从侧面表明硕士生作者在学术写作中可能存在过度使用口语体的倾向。教师应在课堂中重视培养学生的语体意识，在学术写作中使用学术语言，避免口语化语言，使论文写作具有学术写作语言特征。

再次，在语篇功能方面，三大功能使用不平衡，且过度使用内容依赖型程式语。本书中的程式语语篇功能使用排名顺序由多到少依次为：参考指示功能、立场表达功能、文本组织功能。文本组织功能程式语使用较少，说明硕士生作者在使用程式语时，对其能发挥文本组织语篇功能的认识不够，很少使用文本组织功能的一些子功能，如解释、举例和聚焦。这一发现与前人相关研究结果有较大差异。Qin（2014）对美国高校 20 名非本族语应用语言学研究生的 136 篇学术写作进行了研究，发现学生作者使用了不同语篇功能的程式语，其中文本组织功能程式语占比最大，其次是参考指示功能程式语，最少的是立场表达功能程式语。徐昉（2012）对学术词块的研究结果与其一致，她发现我国研究生硕士论文写作中的文本组织功能程式语使用最多，然后是参考指示功能程式语，最少是立场表达功能程式语。这是因为在以研究为导向的写作任务中，尤其是研究生的学术论文写作，需要大量能够发挥文本组织功能的程式语来构建学术语篇。本书中文本组织功能程式语数量最少，反映出硕士生作者在学术论文写作中，研究意识还不够强，尚不能够熟练运用文本组织功能程式语来构建语篇。

硕士生作者在学术写作中过度使用内容依赖型程式语，这一研究结果与前人研究中的专家作者的程式语使用特征不尽一致（Csomay，2013）。这主要是因为本书不是将语料库作为整体从中提取程式语，而是基于硕士生作者个体分别从每篇硕士论文中提取程式语。我们在硕士论文中按照 Biber 等（1999）的百万分之十的截止频率点，提取至少在单篇论文中重复出现 5 次的 4 词结构程式语。因此，对于单篇论文来说，提取出来的程式语中，有大量与研究话题紧密相关的 4 词结构程式语，这样，内容依赖型程式语的数量偏多就是可以理解的。不过，这一发现还是在某种程度上能够反映出学生作者英语词汇的多样性运用较为匮乏，且缺乏程式语的语篇功能意识，并且过度使用内容依赖型程式语。这一点也是学生作者程式语使用的典型特征。教师在学术写作课堂上应培养学生在使用程式语时，提高语篇功能意识，最大限度地发挥程式语在学术语篇中的参考指示、文本组织和立场表达等功能。

最后，在语言准确性方面，本书发现硕士生作者在学术论文写作中的确出现了语法错误，在书面语言的准确性方面还需要进一步提高。前人关于口语语境中的程式语运用能力发展的研究也有类似的发现，如 Qi 和 Ding（2011）对 56 名中国英语专业学生和 15 名美国大学生进行了三年的历时研究，对比分析发现，尽管经过了三年的学习，中国英语学习者在口语产出中的程式语准确性有所提高，但在准确性方面仍落后于美国大学生，尤其是含有介词和冠词的程式语。Shin 等（2018）基于二语学习者语料库，调查了韩国大学生学术写作中的程式语使用情况，发现学生作者在程式语里嵌入的定冠词 the 的使用方面出现不少错误，包括“该用定冠词却没用、不该用定冠词却用了，以及使用其他错误词语代替定冠词”（Dulay et al., 1982）。基于以上分析，语言教师在程式语教学中应关注程式语中嵌入的定冠词的使用，引导学生正确使用程式语，以提高程式语使用的准确性，减少各类语法错误，从而提升整体的写作准确性。

综上，硕士生在学术写作中的程式语使用能力滞后。程式语是约定俗成和高频使用的表达方式，又是学术写作文字能力的核心，学习者只有习得这些学术语体中的固有表达方式，提高程式语使用能力，才是习得学术写作语言文字能力的关键（徐昉，2012）。因此，即便二语学习者程式语使用数量再多，如果不能在合适的语境中正确和地道地运用，或者不符合学术共同体的语言特征和写作规范，那就是程式语使用的质量存在问题。

5.5 小　结

学习者学术写作语料库中的硕士论文在程式语使用频率上存在较大差异。硕士生作者使用的程式语数量较多，但类型欠缺多样性。硕士生作者在硕士论文中使用的高频程式语与本族语专家作者在期刊论文中使用的高频程式语差异较大。分析发现，硕士生作者在硕士论文中使用的高频程式语较少出现在 Simpson-Vlach 和 Ellis（2010）创建的学术程式语表里。我们按照程式语的形符和类符频率的 33%对硕士论文进行分组，共三组：高频组、中频组和低频组。对高频组程式语的个案研究表明，就单篇硕士论文的程式语使用而言，存在的最突出的一个问题是重复使用同一个程式语，使用频率为 21~165 次。这反映出硕士生作者使用的程式语频率较高，不是因为他们使用了多种多样的程式语，而是因为大量重复使用特定的程式语，即高频组硕士论文使用程式语的突出问题是缺乏多样性，且重复使用相同程式语。

硕士生作者的程式语使用在结构类型上存在不平衡现象。对语料库硕士论文中所有程式语的描述性统计发现，四种结构类型中，名词短语结构使用的频率最高，其次是介词短语结构，最少的是动词短语结构和其他结构。从极小值来看，所有硕士论文都使用了名词短语结构和介词短语结构的程式语，一小部分硕士论文未使用动词短语结构的程式语。

对语料库中程式语的语篇功能进行的描述性统计分析发现，在发挥三种不同语篇功能的程式语中，参考指示功能程式语使用的频率最高。与其他三种语篇功能相比，内容依赖型程式语使用频数最多，占比最大，说明硕士生作者虽大量使用程式语，但绝大多数程式语都是与研究话题紧密相关，未能发挥具体的语篇功能，如参考指示、文本组织和立场表达。

第6章

非习语程式语对学术写作复杂性的影响

本章采用推断性统计方法，从使用频率、结构类型和语篇功能三个视角分析并汇报非习语程式语使用对学术写作复杂性的影响。本章分为5节。6.1节汇报硕士论文的写作复杂性特征；6.2节汇报非习语程式语使用频率对学术写作复杂性的影响；6.3节汇报非习语程式语的结构类型对学术写作复杂性的影响；6.4节汇报非习语程式语的语篇功能对学术写作复杂性的影响；6.5节为小结。

6.1 硕士论文的写作复杂性特征

学习者学术写作语料库中100篇硕士论文的写作复杂性指标数值包括词汇复杂性和句法复杂性。词汇复杂性最常用的测量指标是类符-形符比，也叫词汇变异度，指学习者在语言使用中展示出的词汇使用范围，这一指标能够很好地反映词汇变化。句法复杂性较为常用的测量指标是复合名词/子句指标，通过计算子句的平均复合名词数量来衡量句法复杂性。

表6.1描述的是语料库中硕士论文的写作复杂性特征。从表中可以看出，词汇复杂性的均值为0.16，这个数值偏低，说明硕士论文在词汇的选择和使用上缺少多样性。句法复杂性的均值为1.74，这个数值也偏低，说明子句中的平均复合名词数量较少，反映出硕士论文的句法复杂程度较低。从词汇复杂性和句法复杂性的偏度值（0.30、0.38）和峰度值（−0.40、−0.14）

来看，写作复杂性的数据呈正态分布。

表 6.1　硕士论文的写作复杂性描述性统计

写作复杂性	极小值	极大值	均值	标准差	偏度	峰度
词汇复杂性	0.12	0.22	0.16	0.02	0.30	−0.40
句法复杂性	1.02	2.43	1.74	0.30	0.38	−0.14

我们对以上词汇复杂性和句法复杂性的结果与前人研究进行了比较。吴雪峰（2017）以中国高校英语专业一年级新生为对象，调查了书面纠正性反馈作用下的英语写作复杂性发展，研究发现英语作文的词汇复杂性的均值约为 0.50。本书以硕士研究生为对象，研究得出词汇复杂性的均值为 0.16。两者差异较大的原因可能有两个：一是写作任务不同，前者是通用话题写作，后者是学术写作，即体裁不同，词汇复杂性也不同；二是文章篇幅有差异，前者每篇约 200 词，后者每篇约 20 000 词。大量研究表明，词汇复杂性（类符-形符比）的数值会受文章长度影响，文章越长，类符-形符比数值越低。雷蕾（2017）调查了中国英语学习者学术写作句法复杂性的发展，研究发现，硕士论文的复合名词/子句指标，即子句中复合名词数量的均值是 1.75，与本书中的结果 1.74 较为近似。前人研究（Ai & Lu，2013；Bulté & Housen，2014）还发现，随着学习时间的延长和语言水平的提高，二语学习者在写作中的复合名词短语数量，即复合名词/子句指标，有显著增多趋势。

6.2　非习语程式语使用频率对写作复杂性的影响

我们采用非参数检验斯皮尔曼等级相关系数，对程式语的使用频率（形符、类符）与写作复杂性（词汇复杂性、句法复杂性）的关系进行了检验。表 6.2 显示，程式语的形符频率与词汇复杂性呈显著负相关（$r = -0.53$），与句法复杂性呈显著正相关（$r = 0.51$）。程式语的类符频率与词汇复杂性呈显著负相关（$r = -0.55$），与句法复杂性呈显著正相关（$r = 0.49$）。我们还对形符频率和类符频率的高、中、低频组分别进行了程式语与写作复杂性的关系检验，发现只有形符频率和类符频率的低频组与句法复杂性具有显著正相关关系，其余两组未发现与写作复杂性有显著相关性。

表 6.2　程式语使用频率与写作复杂性的相关系数

写作复杂性	形符				类符			
	总体(r)	高频组	中频组	低频组	总体（r）	高频组	中频组	低频组
词汇复杂性	−0.53**	−0.22	0.09	0.34	−0.55**	−0.23	0.01	0.28
句法复杂性	0.51**	−0.04	0.19	0.43*	0.49**	0.17	0.20	0.43*

*表示 $p \leq 0.05$，在置信度（双侧）为 0.05 时，相关性是显著的；**表示 $p \leq 0.01$，在置信度（双侧）为 0.01 时，相关性是显著的

鉴于程式语频率与写作复杂性总体上呈显著相关关系，我们以程式语的形符频率和类符频率为自变量，以词汇复杂性和句法复杂性为因变量，采用多元逐步回归分析方法做进一步检验，以深入了解程式语使用频率对写作复杂性的影响程度和预测力。

先分析词汇复杂性。表 6.3 和表 6.4 显示，只有程式语类符频率进入了回归模型，由标准化系数（$R = 0.39$）可知程式语类符频率对词汇复杂性因变量的影响程度，即程式语类符频率每增加一个单位，硕士论文的词汇复杂性也相应增加 0.39 个单位，决定系数 R^2 和校正后 R^2 分别为 0.15 和 0.14，说明程式语类符频率可以解释词汇复杂性 14%以上的方差。程式语形符频率未能进入回归方程，说明这一变量不能预测词汇复杂性。

表 6.3　程式语频率与词汇复杂性的回归分析系数

模型	R	R^2	校正后 R^2	标准估计的误差
1	0.39[a]	0.15	0.14	0.02

a. 预测变量：(常量)、程式语类符频率

表 6.4　程式语频率与词汇复杂性的回归模型

模型		非标准化系数		标准系数	t	显著性	B 的 95.0%置信区间	
		B	标准误差	试用版			下限	上限
1	(常量)	0.17	0.00		55.27	0.00	0.17	0.18
	类符频率	0.00	0.00	−0.39	−4.14	0.00	0.00	0.00

再分析句法复杂性。表 6.5 和表 6.6 显示，只有程式语类符频率进入了回归模型，由标准化系数（$R = 0.32$）可知程式语类符频率对句法复杂性因变量的影响程度，即程式语类符频率每增加一个单位，硕士论文的句法复杂性也相应增加 0.32 个单位，决定系数 R^2 和校正后 R^2 分别为 0.10 和 0.09，说明程式语类符频率可以解释句法复杂性 9%以上的方差。程式语形符频率未能进入回归方程，说明这一变量不能预测句法复杂性。

表 6.5　程式语频率与句法复杂性的回归分析系数

模型	R	R^2	校正后 R^2	标准估计的误差
1	0.32[a]	0.10	0.09	0.29

a. 预测变量：(常量)、程式语类符频率

表 6.6　程式语频率与句法复杂性的回归模型

模型		非标准化系数		标准系数	t	显著性	B 的 95.0%置信区间	
		B	标准误差	试用版			下限	上限
1	(常量)	1.65	0.04		41.89	0.00	1.57	1.72
	类符频率	0.00	0.00	0.32	3.35	0.00	0.00	0.00

此外，鉴于形符频率和类符频率的低频组与句法复杂性具有显著正相关关系，我们以程式语低频组的形符频率和类符频率为自变量，以句法复杂性为因变量，采用多元逐步回归分析方法做进一步检验，以深入了解程式语低频组对句法复杂性的影响程度和预测力。表 6.7 和表 6.8 显示，形符低频组只有类符频率进入了回归模型。由标准化系数（$R = 0.45$）可知程式语类符频率对句法复杂性因变量的影响程度，即程式语类符频率每增加一个单位，硕士论文的句法复杂性也相应增加 0.45 个单位，决定系数 R^2 和校正后 R^2 分别为 0.21 和 0.18，说明程式语类符频率可以解释句法复杂性 18%以上的方差。程式语形符频率未能进入回归方程，说明这一变量不能预测句法复杂性。

表 6.7　程式语形符低频组类符频率与句法复杂性的回归分析系数

模型	R	R^2	校正后 R^2	标准估计的误差
1	0.45[a]	0.21	0.18	0.23

a. 预测变量：(常量)、程式语类符频率（形符低频组）

表 6.8 程式语形符低频组类符频率与句法复杂性的回归模型

模型		非标准化系数		标准系数	t	显著性	B 的 95.0%置信区间	
		B	标准误差	试用版			下限	上限
1	(常量)	1.11	0.16		6.73	0.00	0.77	1.44
	类符频率	0.02	0.01	0.45	2.83	0.01	0.00	0.03

表 6.9 和表 6.10 显示，类符低频组只有形符频率进入了回归模型。由标准化系数（$R = 0.52$）可知程式语类符频率对句法复杂性因变量的影响程度，即程式语类符频率每增加一个单位，硕士论文的句法复杂性也相应增加 0.52 个单位，决定系数 R^2 和校正后 R^2 分别为 0.27 和 0.24，说明程式语形符频率可以解释句法复杂性 24%以上的方差。程式语类符频率未能进入回归方程，说明这一变量不能预测句法复杂性。

表 6.9 程式语类符低频组形符频率与句法复杂性的回归分析系数

模型	R	R^2	校正后 R^2	标准估计的误差
1	0.52[a]	0.27	0.24	0.23

a. 预测变量：(常量)、程式语形符频率（类符低频组）

表 6.10 程式语类符低频组形符频率与句法复杂性的回归模型

模型		非标准化系数		标准系数	t	显著性	B 的 95.0%置信区间	
		B	标准误差	试用版			下限	上限
1	(常量)	1.07	0.15		7.02	0.00	0.76	1.38
	形符频率	0.00	0.00	0.52	3.36	0.00	0.00	0.00

以上分析得出，程式语的形符频率和类符频率与词汇复杂性呈显著负相关，与句法复杂性呈显著正相关。这说明硕士生作者使用的程式语越多，词汇变异度越低，词汇复杂性就越低，即程式语的使用可抑制词汇复杂性的发展；同时，使用的程式语越多，复合名词短语数量越多，句法复杂性就越高，即程式语的使用可促进句法复杂性的发展。前人基于口语语境和书面语语境的研究也支持这一发现。例如，Cortes（2004）发现学生经常在他们的学科写作中重复使用某些程式语，这使得写作文本极度缺乏复杂性。本书发现程式语的使用与句法复杂性紧密相关且相互促进，这一结果与前人

观点一致。句法复杂性的发展与目标语言的熟练程度密切相关（Ortega，2003）。句法复杂性和程式语都可以作为语言熟练程度的衡量标准（Wray，2002）。程式语的能力发展是从程式化模式到低范围模式，再到创造性构建（Ellis，2012）。因此，学界还需要进一步研究程式语的使用和写作复杂性之间的关系，继续探讨在不同发展阶段的学生作者的程式语运用能力。

本书还发现程式语类符频率可以解释词汇复杂性 14%以上的方差，还可以解释句法复杂性 9%以上的方差。这说明程式语类符频率而非形符频率能够同时预测词汇复杂性和句法复杂性的发展。因此，在学术写作中，学生作者应提高程式语意识，注重程式语的多样性，使用多种不同的程式语，以促进写作复杂性的发展。

6.3　非习语程式语结构类型对写作复杂性的影响

我们采用斯皮尔曼等级相关系数，对程式语的结构类型（名词短语、介词短语、动词短语、其他结构）与写作复杂性（词汇复杂性、句法复杂性）的关系进行了检验。表 6.11 显示，程式语的名词短语、介词短语和动词短语这三种结构类型均与词汇复杂性呈显著负相关（$r = -0.49$；$r = -0.46$；$r = -0.53$）；所有结构类型均与句法复杂性呈显著正相关（$r = 0.52$；$r = 0.54$；$r = 0.24$；$r = 0.27$）。以上结果说明程式语的结构类型可抑制词汇复杂性，即使用名词短语、介词短语和动词短语这三种结构类型的程式语的频数越多，词汇复杂性越低；相反，使用名词短语、介词短语、动词短语和其他结构类型的程式语的频数越多，句法复杂性越高。

表 6.11　程式语结构类型与写作复杂性的相关系数

写作复杂性	结构类型			
	名词短语	介词短语	动词短语	其他结构
词汇复杂性	−0.49**	−0.46**	−0.53**	−0.14
句法复杂性	0.52**	0.54**	0.24*	0.27**

*表示 $p \leq 0.05$，在置信度（双侧）为 0.05 时，相关性是显著的；**表示 $p \leq 0.01$，在置信度（双侧）为 0.01 时，相关性是显著的

鉴于程式语结构类型与写作复杂性呈显著相关关系，我们以程式语结构类型（名词短语、介词短语、动词短语和其他结构）为自变量，以词汇复杂性和句法复杂性为因变量，采用多元逐步回归分析方法做进一步检验，以深入了解程式语结构类型对写作复杂性的影响程度和预测力。

首先看程式语结构类型对词汇复杂性的影响。表 6.12 和表 6.13 显示，只有程式语名词短语结构进入了回归模型，由标准化系数（$R = 0.38$）可知名词短语结构对词汇复杂性因变量的影响程度，即名词短语结构每增加一个单位，硕士论文的词汇复杂性也相应增加 0.38 个单位，决定系数 R^2 和校正后 R^2 分别为 0.14 和 0.14，说明名词短语结构可以解释词汇复杂性 14%以上的方差。介词短语结构和动词短语结构均未能进入回归方程，说明这两个变量不能预测词汇复杂性。

表 6.12　程式语结构类型与词汇复杂性的回归分析系数

模型	R	R^2	校正后 R^2	标准估计的误差
1	0.38[a]	0.14	0.14	0.02

a. 预测变量：(常量)、名词短语结构

表 6.13　程式语结构类型与词汇复杂性的回归模型

模型		非标准化系数		标准系数	t	显著性	B 的 95.0%置信区间	
		B	标准误差	试用版			下限	上限
1	(常量)	0.17	0.00		54.47	0.00	0.17	0.18
	名词短语	0.00	0.00	−0.38	−4.05	0.00	0.00	0.00

再来看程式语结构类型对句法复杂性的影响。表 6.14 和表 6.15 显示，程式语介词短语结构和动词短语结构进入了回归模型，由标准化系数（$R = 0.34$；$R = 0.49$）可知介词短语结构和动词短语结构对句法复杂性因变量的影响程度，即介词短语结构/动词短语结构每增加一个单位，硕士论文的句法复杂性也相应增加 0.34/0.49 个单位，决定系数 R^2 和校正后 R^2 分别为 0.12/0.24 和 0.11/0.22，说明介词短语结构和动词短语结构可以解释句法复杂性 11%/22%以上的方差。名词短语结构和其他结构均未能进入回归方程，说明这两个变量不能预测句法复杂性。

表 6.14　程式语结构类型与句法复杂性的回归分析系数

模型	R	R^2	校正后 R^2	标准估计的误差
1	0.34[a]	0.12	0.11	0.28
2	0.49[b]	0.24	0.22	0.27

a. 预测变量：(常量)、介词短语

b. 预测变量：(常量)、介词短语、动词短语

表 6.15　程式语结构类型与句法复杂性的回归模型

模型		非标准化系数		标准系数	t	显著性	B 的 95.0%置信区间	
		B	标准误差	试用版			下限	上限
1	(常量)	1.61	0.04		36.52	0.00	1.53	1.70
	介词短语	0.01	0.00	0.34	3.62	0.00	0.00	0.01
2	(常量)	1.56	0.04		35.57	0.00	1.47	1.65
	介词短语	0.02	0.00	0.91	5.31	0.00	0.01	0.03
	动词短语	−0.01	0.00	−0.66	−3.87	0.00	−0.02	−0.01

综上，程式语的名词短语、介词短语和动词短语这三种结构类型均与词汇复杂性呈显著负相关；所有结构类型均与句法复杂性呈显著正相关。以上结果说明程式语的结构类型可抑制词汇复杂性，即使用名词短语、介词短语和动词短语这三种结构类型的程式语的频数越多，词汇复杂性越低；相反，使用名词短语、介词短语、动词短语和其他结构类型的程式语的频数越多，句法复杂性越高。回归分析发现，名词短语结构可以解释词汇复杂性 14%以上的方差；介词短语结构和动词短语结构均未能进入回归方程，说明这两个变量不能预测词汇复杂性。介词短语结构和动词短语结构可以解释句法复杂性 11%/22%以上的方差；名词短语结构和其他结构均未能进入回归方程，说明这两个变量不能预测句法复杂性。

6.4　非习语程式语语篇功能对写作复杂性的影响

我们采用斯皮尔曼等级相关系数，对程式语的语篇功能（参考指示、

文本组织、立场表达）与写作复杂性（词汇复杂性、句法复杂性）的关系进行了检验。表 6.16 显示，程式语的参考指示、文本组织、立场表达这三种语篇功能均与词汇复杂性呈显著负相关（$r = -0.43$；$r = -0.43$；$r = -0.27$）；参考指示和文本组织这两个语篇功能与句法复杂性呈显著正相关（$r = 0.44$；$r = 0.21$）；立场表达与句法复杂性未呈现显著相关。以上结果说明，程式语的语篇功能可抑制词汇复杂性，即发挥参考指示、文本组织、立场表达这三种语篇功能的程式语的频数越多，词汇复杂性越低；相反，发挥参考指示和文本组织语篇功能的程式语的频数越多，句法复杂性越高。

表 6.16　程式语语篇功能与写作复杂性的相关系数

写作复杂性	语篇功能		
	参考指示	文本组织	立场表达
词汇复杂性	-0.43^{**}	-0.43^{**}	-0.27^{**}
句法复杂性	0.44^{**}	0.21^{*}	0.16

*表示 $p \leqslant 0.05$，在置信度（双侧）为 0.05 时，相关性是显著的；**表示 $p \leqslant 0.01$，在置信度（双侧）为 0.01 时，相关性是显著的

鉴于程式语语篇结构与句法复杂性呈显著相关关系，我们以程式语语篇功能（参考指示、文本组织、立场表达）为自变量，以词汇复杂性为因变量，采用多元逐步回归分析方法做进一步检验，以深入了解程式语语篇功能对词汇复杂性的影响程度和预测力。

表 6.17 和表 6.18 显示，只有参考指示进入了回归模型，由标准化系数（$R = 0.36$）可知参考指示功能对词汇复杂性因变量的影响程度，即参考指示功能每增加一个单位，硕士论文的词汇复杂性也相应增加 0.36 个单位，决定系数 R^2 和校正后 R^2 分别为 0.13 和 0.12，说明参考指示功能可以解释词汇复杂性 12%以上的方差。文本组织功能和立场表达功能均未能进入回归方程，说明这两个变量不能预测词汇复杂性。

表 6.17　程式语语篇功能与词汇复杂性的回归分析系数

模型	R	R^2	校正后 R^2	标准估计的误差
1	0.36^{a}	0.13	0.12	0.02

a. 预测变量：(常量)、参考指示

表 6.18　程式语语篇功能与词汇复杂性的回归模型

模型		非标准化系数		标准系数	t	显著性	B 的 95.0%置信区间	
		B	标准误差	试用版			下限	上限
1	(常量)	0.17	0.00		56.74	0.00	0.16	0.18
	参考指示	−0.00	0.00	−0.36	−3.85	0.00	−0.00	0.00

我们以参考指示、文本组织和立场表达为自变量，以句法复杂性为因变量，采用多元逐步回归分析方法做进一步检验，以深入了解程式语语篇功能对句法复杂性的影响程度和预测力。

表 6.19 和表 6.20 显示，参考指示和立场表达进入了回归模型，由标准化系数（$R = 0.34$；$R = 0.41$）可知参考指示功能和立场表达功能对句法复杂性因变量的影响程度，即参考指示功能/立场表达功能每增加一个单位，硕士论文的句法复杂性也相应增加 0.34/0.41 个单位，决定系数 R^2 和校正后 R^2 分别为 0.12/0.17 和 0.11/0.15,说明参考指示功能和立场表达功能可以解释句法复杂性 11%/15%以上的方差。文本组织功能未能进入回归方程，说明这一变量不能预测句法复杂性。

表 6.19　程式语语篇功能与句法复杂性的回归分析系数

模型	R	R^2	校正后 R^2	标准估计的误差
1	0.34[a]	0.12	0.11	0.28
2	0.41[b]	0.17	0.15	0.28

a. 预测变量：(常量)、参考指示

b. 预测变量：(常量)、参考指示、立场表达

表 6.20　程式语语篇功能与句法复杂性的回归模型

模型		非标准化系数		标准系数	t	显著性	B 的 95.0%置信区间	
		B	标准误差	试用版			下限	上限
1	(常量)	1.64	0.04		41.78	0.00	1.56	1.72
	参考指示	0.01	0.00	0.34	3.60	0.00	0.00	0.01

续表

模型		非标准化系数		标准系数	t	显著性	B 的 95.0%置信区间	
		B	标准误差	试用版			下限	上限
2	(常量)	1.64	0.04		42.82	0.00	1.56	1.72
	参考指示	0.01	0.00	0.56	4.32	0.00	0.01	0.02
	立场表达	−0.03	0.01	−0.32	−2.43	0.02	−0.05	−0.01

综上，程式语的参考指示、文本组织、立场表达这三种语篇功能均与词汇复杂性呈显著负相关；参考指示和文本组织这两个语篇功能与句法复杂性呈显著正相关；立场表达与句法复杂性未呈现显著相关性。以上结果说明程式语的语篇功能可抑制词汇复杂性，即发挥参考指示、文本组织、立场表达这三种语篇功能的程式语的频数越多，词汇复杂性越低；相反，发挥参考指示和文本组织语篇功能的程式语的频数越多，句法复杂性越高。回归分析发现，参考指示功能可以解释词汇复杂性 12%以上的方差。文本组织功能和立场表达功能均未能进入回归方程，说明这两个变量不能预测词汇复杂性。参考指示功能和立场表达功能可以解释句法复杂性 11%和 15%以上的方差。文本组织功能未能进入回归方程，说明这一变量不能预测句法复杂性。

6.5 小　结

首先，关于程式语的使用频率对写作复杂性的影响，相关分析表明，程式语的形符频率与词汇复杂性呈显著负相关，与句法复杂性呈显著正相关。程式语的类符频率与词汇复杂性呈显著负相关，与句法复杂性呈显著正相关。进一步分析发现，只有形符频率和类符频率的低频组与句法复杂性具有显著正相关关系，未发现高频组和中频组与写作复杂性有显著相关。回归分析发现，程式语类符频率可以解释词汇复杂性 14% 以上的方差，程式语形符频率未能进入回归方程，说明这一变量不能预测词汇复杂性。程式语类符频率还可以解释句法复杂性 9%以上的方差，程式语形符频率未能进入回归方程，说明这一变量不能预测句法复杂性。分析还发现，形符低频组的类符频率可以解释句法复杂性 18%以上的方差，类符低频组的形符频率可以解释句法复杂性 24%以上的方差。

其次，关于程式语的结构类型对写作复杂性的影响，相关分析发现，程式语的名词短语、介词短语和动词短语这三种结构类型均与词汇复杂性呈显著负相关；所有结构类型均与句法复杂性呈显著正相关。以上结果说明，程式语的结构类型可抑制词汇复杂性，即名词短语、介词短语和动词短语这三种结构类型的程式语使用的次数越多，词汇复杂性越低；相反，使用名词短语、介词短语、动词短语和其他结构类型的程式语的频数越多，句法复杂性越高。回归分析发现，名词短语结构可以解释词汇复杂性 14%以上的方差；介词短语结构和动词短语结构均未能进入回归方程，说明这两个变量不能预测词汇复杂性。介词短语结构和动词短语结构可以解释句法复杂性 11%/22%以上的方差；名词短语结构和其他结构均未能进入回归方程，说明这两个变量不能预测句法复杂性。

最后，关于程式语的语篇功能对写作复杂性的影响，相关性分析表明，程式语的参考指示、文本组织、立场表达这三种语篇功能均与词汇复杂性呈显著负相关；参考指示和文本组织这两个语篇功能与句法复杂性呈显著正相关，而立场表达与句法复杂性未呈现显著相关性。以上结果说明程式语的语篇功能可抑制词汇复杂性，即发挥参考指示、文本组织、立场表达这三种语篇功能的程式语的频数越多，词汇复杂性越低；相反，发挥参考指示和文本组织功能的程式语的频数越多，句法复杂性越高。回归分析发现，参考指示功能可以解释词汇复杂性 12%以上的方差；文本组织功能和立场表达功能均未能进入回归方程，说明这两个变量不能预测词汇复杂性。参考指示功能和立场表达功能可以分别解释句法复杂性 11%和 15%以上的方差；文本组织功能未能进入回归方程，说明这一变量不能预测句法复杂性。

第 7 章

非习语程式语对学术写作准确性的影响

本章采用推断性统计方法，从使用频率、结构类型和语篇功能三个视角分析并汇报非习语程式语的使用对学术写作准确性的影响。本章分为 5 节。7.1 节汇报硕士论文的写作准确性特征；7.2 节汇报非习语程式语的使用频率对写作准确性的影响；7.3 节汇报非习语程式语的结构类型对写作准确性的影响；7.4 节汇报非习语程式语的语篇功能对写作准确性的影响；7.5 节为小结。

7.1 硕士论文的写作准确性特征

自建的学习者学术写作语料库中 100 篇硕士论文的写作准确性指标数值以百分比形式呈现。描述性统计发现，尽管自建语料库中的硕士论文是由英语专业学习者所撰写的，但在语法错误方面却不容乐观，而且这些论文都是学生作者经过多次检查后才由所在高校提交至中国知网。硕士论文写作准确性的极小值是 71.25，极大值是 96.39，均值为 88.24。这些数据均偏低，说明英语专业硕士生作者在学术论文写作中仍出现了或多或少的语法错误，书面语言的准确性还有待提高。从写作准确性的偏度值（–0.98）和峰度值（1.37）来看，数据接近正态分布。

本书发现硕士生作者在学术论文写作中的确出现了语法错误，在书面语言的准确性方面还需要进一步提高。前人关于口语语境中的程式语运用能力发展的研究也有类似的发现。例如，Qi 和 Ding（2011）对 56 名中国英语专业学生和 15 名美国大学生进行了三年的历时研究，对比分析发现，尽管经过了三年的学习，中国英语学习者在口语产出中的程式语准确性有所提高，但仍落后于美国大学生，尤其是含有介词和冠词的程式语。Shin 等（2018）基于二语学习者语料库，调查了韩国大学生在学术写作中的程式语使用情况，发现学生作者在程式语里嵌入的定冠词 the 使用方面出现了不少错误，包括“该用定冠词却没用、不该用定冠词却用了，以及使用其他错误词语代替定冠词”（Dulay et al.，1982）。基于以上分析，语言教师在程式语教学中应关注程式语中嵌入的定冠词使用，引导学生正确使用程式语，以提高程式语使用的准确性，减少各类语法错误，从而提升整体的写作准确性。

7.2　非习语程式语使用频率对写作准确性的影响

我们采用非参数检验斯皮尔曼等级相关系数，对程式语的使用频率（形符、类符）与写作准确性的关系进行了检验。表 7.1 显示，从总体上看，程式语的形符频率与写作准确性的相关系数是−0.14，尽管是负数，但未达显著性水平，所以不具统计意义，可以得出两者不存在显著相关性；程式语的类符频率与写作准确性的相关系数是−0.15，也未达显著性水平，可以得出这两个变量也不存在显著相关性。我们还对形符频率和类符频率的高、中、低频组分别进行了程式语与写作准确性的关系检验，发现只有类符频率的低频组与写作准确性具有显著正相关关系（$r = 0.41$），其余五组均未发现与写作准确性有显著相关。

表 7.1　程式语使用频率与写作准确性的相关系数

项目	形符				类符			
	总体（r）	高频组	中频组	低频组	总体（r）	高频组	中频组	低频组
写作准确性	−0.14	0.02	0.05	0.27	−0.15	0.13	0.16	0.41*

*表示 $p \leq 0.05$，在置信度（双侧）为 0.05 时，相关性是显著的

鉴于程式语类符频率的低频组与写作准确性具有显著正相关关系，我们以程式语类符频率为自变量，以写作准确性为因变量，采用多元逐步回归分析方法做进一步检验，以深入了解程式语频率对写作准确性的影响程度和预测力。分析发现，程式语类符频率未能进入回归方程。根据以上结果，我们可以得出结论，程式语的使用频率，无论是形符还是类符，均不能影响和预测写作准确性的发展。

本书发现，只有低频组的类符频率与写作准确性呈显著正相关，说明在程式语使用较少的硕士论文中，使用的不同程式语越多，语法错误数量越少，写作准确性就越高。但在中频组和高频组里，程式语使用的数量与写作准确性没有关系。这说明程式语频率可能有阈值，在一定的阈值范围内，程式语与写作准确性相关；超过这个阈值，程式语与写作准确性无关。前人研究汇报了二语学习者在程式语和词汇层面的准确性之间的关系。例如，Huang（2015）对中国英语专业学生的 5990 篇限时议论文写作进行了研究，发现高年级学生比低年级学生使用更多的 3~5 词结构程式语，但程式语频率与词汇层面准确性之间没有显著相关关系。具体来说，就是程式语的使用频率增加了，但词汇量的准确性没有随之增加。所以说，本书的研究结果在语法层面上为程式语与写作准确性之间的关系提供了新的视角。

7.3　非习语程式语结构类型对写作准确性的影响

我们采用斯皮尔曼等级相关系数，对程式语的结构类型（名词短语、介词短语、动词短语、其他结构）与写作准确性的关系进行了检验。表 7.2 显示，程式语的名词短语、介词短语和动词短语三种结构类型均与写作准确性不存在显著相关性（$r = -0.10$；$r = -0.17$；$r = -0.10$），说明这三种结构类型与写作准确性不存在相关关系。表 7.2 还显示，其他结构类型与写作准确性呈显著负相关（$r = -0.20$）。

表 7.2　程式语结构类型与写作准确性的相关系数

项目	结构类型			
	名词短语	介词短语	动词短语	其他结构
写作准确性	−0.10	−0.17	−0.10	−0.20*

*表示 $p \leqslant 0.05$，在置信度（双侧）为 0.05 时，相关性是显著的

本书发现，名词短语、介词短语、动词短语这三种结构类型与写作准确性不存在相关关系，说明硕士生作者在学术写作中出现的语法错误数量与使用哪种结构类型的程式语没有关联。其他结构类型与写作准确性存在显著负相关性，说明除名词短语、介词短语、动词短语这三种结构类型以外的程式语使用越多，语法错误数量也越多，写作准确性就会降低。本书只探究了程式语使用与语法错误数量的关系，而学界有研究者呼吁，测量写作准确性的指标应考虑语法错误类型和语法错误程度（刘国忠、秦晓晴，2010），因此后续研究将进一步验证程式语使用与语法错误类型和语法错误程度的关系。

7.4　非习语程式语语篇功能对写作准确性的影响

我们采用斯皮尔曼等级相关系数，对程式语的语篇功能（参考指示、文本组织、立场表达）与写作准确性的关系进行了检验。表 7.3 显示，文本组织功能与写作准确性呈显著负相关（$r = -0.34$）；参考指示和立场表达这两个语篇功能与写作准确性没有显著相关性（$r = -0.15$；$r = -0.17$）。以上结果说明硕士生作者使用文本组织功能程式语的频数越多，写作准确性就越低。

表 7.3　程式语语篇功能与写作准确性的相关系数

项目	语篇功能		
	参考指示	文本组织	立场表达
写作准确性	−0.15	−0.34**	−0.17

**表示 $p \leqslant 0.01$，在置信度（双侧）为 0.01 时，相关性是显著的

鉴于程式语文本组织功能与写作准确性呈显著相关关系，我们以文本组织功能为自变量，以写作准确性为因变量，采用多元逐步回归分析方法做进一步检验，以深入了解程式语语篇功能对写作准确性的影响程度和预测力。

表 7.4 和表 7.5 显示，只有文本组织功能进入了回归模型，由标准化系数（$R = 0.30$）可知文本组织功能对写作准确性因变量的影响程度，即文本组织功能每增加一个单位，硕士论文的写作复杂性也相应增加 0.30 个单位，决定系数 R^2 和校正后 R^2 分别为 0.09 和 0.08，说明文本组织功能可以解释写作准确性 8%以上的方差。参考指示功能和立场表达功能均未能进入回归方程，说明这两个变量不能预测写作准确性。

表 7.4　程式语语篇功能与写作准确性的回归分析系数

模型	R	R^2	校正后 R^2	标准估计的误差
1	0.30[a]	0.09	0.08	4.73

a. 预测变量：(常量)、文本组织

表 7.5　程式语语篇功能与写作准确性的回归模型

模型		非标准化系数		标准系数	t	显著性	B 的 95.0%置信区间	
		B	标准误差	试用版			下限	上限
1	(常量)	89.16	0.56		159.65	0.00	88.05	90.27
	文本组织	−0.66	0.21	−0.30	−3.11	0.00	−1.08	−0.24

本书发现，文本组织功能与写作准确性呈显著负相关，说明硕士生作者使用文本组织功能程式语的频数越多，语法错误数量越多，写作准确性就越低。这可能是因为硕士生作者在使用文本组织功能的程式语方面能力较弱，尚未掌握好如何使用正确的且能够发挥文本组织功能的程式语。回归分析发现，文本组织功能可以解释写作准确性 8%以上的方差。这说明文本组织功能在一定程度上能够预测写作准确性。因此，学术写作教师应加强文本组织功能程式语的教学，培养学生正确熟练使用程式语，提高程式语的整体应用能力。

7.5 小　结

首先，关于程式语的使用频率对写作准确性的影响，从总体上看，程式语的形符频率与写作准确性不存在显著相关性；程式语的类符频率与写作准确性之间也未呈现显著相关性；类符频率的低频组与写作准确性具有显著正相关关系，其余组别均未发现与写作准确性有显著相关性。回归分析发现，程式语类符频率未能进入回归方程。根据以上结果，我们可以得出结论，程式语的使用频率，无论是形符还是类符，均不能影响和预测写作准确性的发展。

其次，关于程式语的结构类型对写作准确性的影响，相关分析发现，程式语的名词短语、介词短语和动词短语三种结构类型均与写作准确性不存在显著相关性。以上结果说明程式语的结构类型与写作准确性不存在相关关系。

最后，关于程式语的语篇功能对写作准确性的影响，相关分析发现，文本组织功能与写作准确性呈显著负相关，参考指示和立场表达这两个语篇功能与写作准确性没有显著相关性。以上结果说明，硕士生作者使用文本组织功能程式语的频数越多，写作准确性就越低。回归分析发现，文本组织功能可以解释写作准确性 8%以上的方差；参考指示功能和立场表达功能均未能进入回归方程，说明这两个变量不能预测写作准确性。

第8章

非习语程式语对学术写作流利性的影响

本章采用推断性统计方法，从使用频率、结构类型和语篇功能三个视角分析并汇报非习语程式语的使用对学术写作流利性的影响。本章分为6节。8.1节汇报硕士论文的写作流利性特征；8.2节汇报非习语程式语的使用频率对学术写作流利性的影响；8.3节汇报非习语程式语的结构类型对学术写作流利性的影响；8.4节汇报非习语程式语的语篇功能对学术写作流利性的影响；8.5节阐述写作流利性的指标效度；8.6节为小结。

8.1 硕士论文的写作流利性特征

学习者学术写作语料库中100篇硕士论文的写作流利性指标数值包括T单位频数（T）、子句频数（C）、T单位平均长度（W/T）和子句平均长度(W/C)。这四个指标能够很好地反映写作流利性。表8.1描述的是语料库硕士论文的写作流利性特征。从表中可以看出，写作流利性的四个指标的均值为：T单位频数（$M = 882.83$）、子句频数（$M = 1489.79$）、T单位平均长度（$M = 22.68$）、子句平均长度（$M = 13.51$）。从T单位频数、子句频数、T单位平均长度、子句平均长度的偏度值（0.35、0.49、1.00、0.95）和峰度值（0.06、−0.26、1.42、1.48）来看，写作流利性的数据接近正态分布。从子句频数的标准差（345.72）来看，学生作者在子句使用的数量方面差异最大。

表 8.1　硕士论文的写作流利性描述性统计

写作流利性	极小值	极大值	均值	标准差	偏度	峰度
T 单位频数（T）	519.00	1385.00	882.83	184.74	0.35	0.06
子句频数（C）	869.00	2353.00	1489.79	345.72	0.49	−0.26
T 单位平均长度（W/T）	15.86	36.55	22.68	4.10	1.00	1.42
子句平均长度（W/C）	9.44	22.04	13.51	2.22	0.95	1.48

本书采用的写作流利性指标属于文本成品指标，包含频数测量指标（T 单位频数、子句频数）和比率测量指标（T 单位平均长度、子句平均长度）。文本成品指标有助于总体了解写作流利性的发展特征，但会随写作时间和任务特征的变化而发生改变，因此不太稳定，也不具可比性（Wolfe-Quintero et al.，1998）。与频数测量指标相比较，比率测量指标因为对写作质量的影响更大而效度更高，其中子句平均长度这一项比率测量指标可以在一定程度上预测写作成绩（秦晓晴、毕劲，2012）。比率测量指标不受写作长度等的影响，因此比较稳定，与其他写作任务的流利性有可比性。秦晓晴和毕劲（2012）对英语专业四个年级 240 篇议论文和说明文进行了流利性发展研究，发现受试在这两种写作任务中的 T 单位平均长度均值为 14.1，子句平均长度均值为 9.7。本书中，T 单位平均长度的均值为 22.68，子句平均长度的均值为 13.51，均高于前人研究。这可能是因为研究对象和写作任务不同，前人研究的是本科生的通用写作，写作难度小；而本书研究的是硕士生的论文，写作难度大且复杂。可以看出，随着学习阶段的升高，非本族语学习者的写作流利性在逐步提高；而且，写作流利性与写作任务的体裁和难度均有一定的联系。未来研究应进一步对写作任务与写作流利性发展的关系进行探索。

8.2　非习语程式语使用频率对写作流利性的影响

我们采用非参数检验斯皮尔曼等级相关系数，对程式语的使用频率（形符、类符）与写作流利性的关系进行了检验。表 8.2 显示，从总体上看，程式语的形符频率与写作流利性的相关系数如下：T 单位频数（$r = -0.24$）、子句频数（$r = -0.34$）、T 单位平均长度（$r = 0.17$）、子句平均长度（$r = 0.42$）。以上结果表明程式语的形符频率与 T 单位频数和子句频数这两个流利性指标呈显著负相关，与子句平均长度指标呈显著正相关。程式语的类符频率与写作流利性的相关系数如下：T 单位频数（$r = -0.20$）、子句频数（$r = -0.31$）、T 单位平均长度（$r = 0.15$）、子句平均长度（$r = 0.40$）。以上结果表明，程式语的类符频率与子句频数指标呈显著负相关，与子句平均长度指标呈显著正相关。我们还对形符频率和类符频率的高、中、低频组分别进行了程式语与写作流利性的关系检验，发现形符频率的低频组与写作流利性具有显著相关关系：T 单位频数（$r = -0.51$）、子句频数（$r = -0.45$）。研究还发现程式语类符频率的低频组与写作流利性也具有显著相关关系：T 单位频数（$r = -0.44$）、子句频数（$r = -0.42$）、子句平均长度（$r = 0.44$）。

表 8.2 程式语使用频率与写作流利性的相关系数

写作流利性	形符				类符			
	总体（r）	高频组	中频组	低频组	总体（r）	高频组	中频组	低频组
T 单位频数（T）	-0.24^{*}	−0.31	0.05	-0.51^{**}	−0.20	−0.07	−0.13	-0.44^{*}
子句频数（C）	-0.34^{**}	−0.31	0.01	-0.45^{**}	-0.31^{**}	0.04	−0.06	-0.42^{*}
T 单位平均长度（W/T）	0.17	0.09	−0.22	0.31	0.15	0.20	0.08	0.34
子句平均长度（W/C）	0.42^{**}	0.22	−0.09	0.32	0.40^{**}	0.03	0.04	0.44^{**}

*表示 $p \leqslant 0.05$，在置信度（双侧）为 0.05 时，相关性是显著的；**表示 $p \leqslant 0.01$，在置信度（双侧）为 0.01 时，相关性是显著的

鉴于程式语频率与写作流利性（T 单位频数、子句频数、子句平均长度）总体上呈显著相关关系，我们以程式语形符频率和类符频率为自变量，以写作流利性（T 单位频数、子句频数、子句平均长度）为因变量，采用

多元逐步回归分析方法做进一步检验，以深入了解程式语频率对写作流利性的影响程度和预测力。

研究发现，有自变量进入以子句频数和子句平均长度为因变量的回归方程，但无自变量进入以 T 单位频数为因变量的回归方程。我们首先分析以子句频数为因变量的回归方程。表 8.3 和表 8.4 显示，程式语形符频率进入了回归模型，由标准化系数（$R = 0.23$）可知程式语形符频率对写作流利性（子句频数）因变量的影响程度，即程式语形符频率每增加一个单位，硕士论文的写作流利性（子句频数）也相应增加 0.23 个单位，决定系数 R^2 和校正后 R^2 分别为 0.05 和 0.04，说明程式语形符频率可以解释写作流利性（子句频数）4%以上的方差。

表 8.3 程式语频率与写作流利性的回归分析系数

模型	R	R^2	校正后 R^2	标准估计的误差
1	0.23[a]	0.05	0.04	338.41

a. 预测变量：(常量)、程式语形符频率

表 8.4 程式语频率与写作流利性的回归模型

模型		非标准化系数		标准系数	t	显著性	B 的 95.0%置信区间	
		B	标准误差	试用版			下限	上限
1	(常量)	1563.80	46.63		33.54	0.00	1471.28	1656.33
	形符频率	−0.12	0.05	−0.23	−2.31	0.02	−0.23	−0.02

其次，我们分析以子句平均长度为因变量的回归方程。表 8.5 和表 8.6 显示，程式语形符频率和类符频率均进入了回归模型，由标准化系数（$R = 0.20$；$R = 0.29$）可知程式语形符和类符频率对写作流利性因变量的影响程度，即程式语形符频率和程式语类符频率每增加一个单位，硕士论文的写作流利性（子句平均长度）也相应增加 0.20 和 0.29 个单位，决定系数 R^2 和校正后 R^2 分别为 0.04/0.09 和 0.03/0.07，说明程式语形符频率和程式语类符频率可以解释写作流利性 3%和 7%以上的方差。

表 8.5　程式语频率与写作流利性的回归分析系数

模型	R	R^2	校正后 R^2	标准估计的误差
1	0.20[a]	0.04	0.03	2.19
2	0.29[b]	0.09	0.07	2.14

a. 预测变量：（常量）、程式语形符频率

b. 预测变量：（常量）、程式语形符频率、程式语类符频率

表 8.6　程式语频率与写作流利性的回归模型

模型		非标准化系数		标准系数	t	显著性	B 的 95.0%置信区间	
		B	标准误差	试用版			下限	上限
1	（常量）	13.09	0.30		43.48	0.00	12.49	13.69
	形符频率	0.00	0.00	0.20	2.04	0.04	0.00	0.00
2	（常量）	13.38	0.32		41.32	0.00	12.74	14.03
	形符频率	0.00	0.00	1.30	2.56	0.01	0.00	0.01
	类符频率	−0.04	0.02	−1.12	−2.20	0.03	−0.07	−0.00

本书发现，程式语的形符频率与T单位频数和子句频数这两个流利性指标呈显著负相关，与子句平均长度指标呈显著正相关。程式语的形符频率与写作流利性各指标的关系研究结果不一，说明流利性频数指标（T单位频数和子句频数）存在不稳定性，比率指标（子句平均长度）较为稳定。因为根据前人研究的理论假设，程式语的使用频率越高，写作文本越流利。例如，Coxhead和Byrd（2007：135）认为程式语的使用是写作流利性的“定义标记”。本书在确定程式语使用频率与写作流利性的关系时，应重点考虑子句平均长度这一具有研究效度的比率指标。子句平均长度指标与程式语使用频率呈显著正相关，说明程式语使用越多，写作流利性越高。这一结果与其他口语语境的相关研究结果一致，因为程式语是整体储存于大脑记忆中并被整体提取，这样可以提升提取的速度，增加了流利性（Wray & Perkins，2000）。“频率效应”（Ellis，2002）也暗示程式语使用越多，学术文本的产出越流利。

研究还发现形符频率的低频组与写作流利性具有显著相关关系，类符

频率的低频组与写作流利性也具有显著相关关系，说明程式语使用与写作流利性的关系受使用频率的调节。回归分析发现，程式语形符频率可以解释写作流利性（子句频数）4%以上的方差。程式语形符频率和程式语类符频率可以解释写作流利性（子句平均长度）3%和 7%以上的方差。可以看出，程式语类符频率解释的方差大于程式语形符频率。以上结果说明子句频数指标和子句平均长度指标可预测写作流利性的发展，与 T 单位这个指标相比，子句指标更具效度。文本中缺少程式语，意味着新手作者的写作缺乏流利性（Hyland，2008b）。结合本书的发现，可以推断广泛使用程式语本身有助于提升学术写作流利性，但重复使用特定程式语可能会削弱这种促进效果。

8.3　非习语程式语结构类型对写作流利性的影响

我们采用斯皮尔曼等级相关系数，对程式语的结构类型（名词短语、介词短语、动词短语、其他结构）与写作流利性（T 单位频数、子句频数、T 单位平均长度、子句平均长度）的关系进行了检验。表 8.7 显示，程式语的所有结构类型均与写作流利性（T 单位频数）没有显著相关（$r = -0.19$；$r = -0.17$；$r = -0.16$；$r = -0.01$）；名词短语、介词短语、动词短语这三个结构类型均与写作流利性（子句频数）呈显著负相关（$r = -0.29$；$r = -0.26$；$r = -0.27$）；介词短语与写作流利性（T 单位平均长度）呈现显著相关（$r = 0.24$）；所有结构类型均与写作流利性（子句平均长度）存在显著相关（$r = 0.41$；$r = 0.42$；$r = 0.23$；$r = 0.22$）。以上结果说明，如果以子句频数为写作流利性指标，程式语的结构类型可抑制写作流利性的发展；如果以子句平均长度为写作流利性指标，程式语的结构类型可显著促进写作流利性的发展。

表 8.7　程式语结构类型与写作流利性的相关系数

写作流利性	结构类型			
	名词短语	介词短语	动词短语	其他结构
T 单位频数（T）	–0.19	–0.17	–0.16	–0.01

续表

写作流利性	结构类型			
	名词短语	介词短语	动词短语	其他结构
子句频数（C）	−0.29**	−0.26**	−0.27**	−0.09
T单位平均长度(W/T)	0.18	0.24*	−0.00	0.09
子句平均长度（W/C）	0.41**	0.42**	0.23*	0.22*

*表示 $p \leqslant 0.05$，在置信度（双侧）为 0.05 时，相关性是显著的；**表示 $p \leqslant 0.01$，在置信度（双侧）为 0.01 时，相关性是显著的

鉴于程式语结构类型与写作流利性呈显著相关关系，我们以程式语结构类型（名词短语、介词短语、动词短语和其他结构）为自变量，以子句频数、T 单位平均长度和子句平均长度为因变量，采用多元逐步回归分析方法做进一步检验，以深入了解程式语结构类型对写作流利性的影响程度和预测力。

分析发现，有自变量进入以子句频数为因变量的回归方程，但无自变量进入以 T 单位平均长度和子句平均长度为因变量的回归方程。表 8.8 和表 8.9 显示，程式语的名词短语结构进入了回归模型，由标准化系数（$R = 0.21$）可知程式语的名词短语结构对写作流利性（子句频数）因变量的影响程度，即程式语名词短语结构每增加一个单位，硕士论文的写作流利性（子句频数）也相应增加 0.21 个单位，决定系数 R^2 和校正后 R^2 分别为 0.05 和 0.04，说明程式语名词短语结构可以解释写作流利性（子句频数）4%以上的方差。

表 8.8 程式语结构类型与写作流利性的回归分析系数

模型	R	R^2	校正后 R^2	标准估计的误差
1	0.21[a]	0.05	0.04	339.44

a. 预测变量：（常量）、名词短语结构

表 8.9 程式语结构类型与写作流利性的回归模型

模型		非标准化系数		标准系数	t	显著性	B 的 95.0%置信区间	
		B	标准误差	试用版			下限	上限
1	（常量）	1568.67	49.77		31.52	0.00	1469.91	1667.43
	名词短语结构	−2.06	0.95	−0.21	−2.17	0.03	−3.95	−0.17

本书发现，以子句频数指标测量写作流利性，程式语的名词短语、介词短语、动词短语这三个结构类型均与写作流利性呈显著负相关，说明如果以子句频数为流利性测量指标，程式语的结构类型可抑制写作流利性的发展，同时也说明子句频数这一流利性频数指标不够稳定，不能正确反映写作流利性与程式语使用的关系。以 T 单位平均长度为流利性指标，介词短语与写作流利性呈现显著正相关，说明介词短语结构的程式语使用越多，T 单位平均长度越长，写作流利性越高，同时反映出 T 单位平均长度这一比率指标比较稳定，具有测量效度。程式语的所有结构类型均与写作流利性（子句平均长度）存在显著正相关，说明如果以子句平均长度为写作流利性指标，程式语的结构类型可显著促进写作流利性的发展，同时反映出子句平均长度这一比率指标较为稳定和有效。综上可以发现，比率指标比频数指标在测量写作流利性方面更具效度。回归分析发现，程式语名词短语结构可以解释写作流利性（子句频数）4%以上的方差，说明这一结构类型的程式语可以预测写作流利性的发展。学术写作中，多使用名词短语结构的程式语有益于提高写作流利性。

8.4　非习语程式语语篇功能对写作流利性的影响

我们采用斯皮尔曼等级相关系数，对程式语的语篇功能（参考指示、文本组织、立场表达）与写作流利性（T 单位频数、子句频数、T 单位平均长度、子句平均长度）的关系进行了检验。表 8.10 显示，程式语的参考指示功能与子句频数呈显著负相关（$r = -0.25$），与子句平均长度指标呈显著正相关（$r = 0.28$）。文本组织和立场表达这两种语篇功能与写作流利性未呈现显著相关性。以上结果说明，程式语的参考指示功能对子句频数有抑制作用，即发挥参考指示功能的程式语的频数越多，子句频数越低；同时，程式语的参考指示功能对子句平均长度有促进作用，即发挥参考指示功能的程式语的频数越多，子句平均长度越长，写作流利性也越高。

表 8.10　程式语语篇功能与写作流利性的相关系数

写作流利性	语篇功能		
	参考指示	文本组织	立场表达
T单位频数（T）	−0.19	0.12	−0.13
子句频数（C）	−0.25*	0.06	−0.17
T单位平均长度（W/T）	0.13	0.05	0.04
子句平均长度（W/C）	0.28**	0.13	0.11

*表示 $p \leqslant 0.05$，在置信度（双侧）为 0.05 时，相关性是显著的；**表示 $p \leqslant 0.01$，在置信度（双侧）为 0.01 时，相关性是显著的

鉴于程式语语篇结构（参考指示）与写作流利性（子句频数、子句平均长度）呈显著相关关系，我们以程式语语篇功能（参考指示）为自变量，以写作流利性（子句频数、子句平均长度）为因变量，采用多元逐步回归分析方法做进一步检验，以深入了解程式语的语篇功能对写作流利性的影响程度和预测力。

研究发现，有自变量进入以子句频数为因变量的回归方程，但无自变量进入以子句平均长度为因变量的回归方程。表 8.11 和表 8.12 显示，参考指示进入了回归模型，由标准化系数（$R = 0.22$）可知参考指示功能对写作流利性因变量（子句频数）的影响程度，即参考指示功能每增加一个单位，硕士论文的写作流利性（子句频数）也相应增加 0.22 个单位，决定系数 R^2 和校正后 R^2 分别为 0.05 和 0.04，说明参考指示功能可以解释写作流利性（子句频数）4%以上的方差。

表 8.11　程式语语篇功能与写作流利性的回归分析系数

模型	R	R^2	校正后 R^2	标准估计的误差
1	0.22[a]	0.05	0.04	338.98

a. 预测变量：（常量）、参考指示

表 8.12　程式语语篇功能与写作流利性的回归模型

模型		非标准化系数		标准系数	t	显著性	B 的 95.0%置信区间	
		B	标准误差	试用版			下限	上限
1	（常量）	1562.41	46.99		33.25	0.00	1469.15	1655.67
	参考指示	−4.66	2.09	−0.22	−2.23	0.03	−8.80	−0.51

本书发现，程式语的参考指示功能与写作流利性（子句频数）呈显著负相关，说明程式语的参考指示功能对子句频数有抑制作用，即发挥参考指示功能的程式语的频数越多，子句频数越低。可以看出，这一结果与前人关于程式语的使用与流利性的关系假设不一致，反映出子句频数这一频数指标在测量写作流利性方面不稳定。程式语的参考指示功能与写作流利性（子句平均长度）指标呈显著正相关，说明程式语的参考指示功能对子句平均长度这一比率指标有促进作用，即发挥参考指示功能的程式语的频数越多，子句平均长度越长，写作流利性也越高。综合来看，写作流利性的比率指标比频数指标在测量效果上更稳定，更具信效度。

8.5　写作流利性的指标效度

写作流利性是写作能力发展的基本内容。写作流利性这一研究课题非常重要，有助于提升学生的写作文本的产出表现和评价其写作质量。研究者从社会文化视角、认知视角和语言学视角对写作流利性进行了大量的理论探讨和实证研究，包括外部影响因素、认知过程和文本特征，成绩斐然。然而，如何测量写作流利性的相关研究尚有不足。Latif（2013）呼吁学界应对写作流利性的定义进行更深入的探讨，并重新思考写作流利性的测量指标的效度问题。

在二语习得领域，写作流利性至今还没有一个公认的概念定义。从关注语言产出成果的文本视角来看，写作流利性可以用文章长度、写作速度及写作质量来体现（Hester，2001）。从关注语言产出过程的过程视角来看，写作流利性可反映语句产出的轻松自如程度（Faigley，1980），也可表现为无意识的自动化技能（Schmidt，1992）。实际上，写作流利性在文本当中具有复杂性，认知、语言输出、直觉或想象等写作者个人的能力因素均可影响其发展；修辞和语境也可以影响流利性（Bruton，1985）。之后，学界又提出了“多维度写作流利性”的概念（Bruton & Kirby，1987），就是通过综合考虑写作过程和写作能力的各个方面来评价写作流利性，其中，写作能力主要考察在选择和使用写作策略等方面是否熟练自如。马蓉和秦晓晴（2013：315）提出，写作流利性是“一种认知表征，主要表现为写作行为的速度和自如度，即快速轻松产出书面语，同时又受个体认知差异和各种外在因素的影响”。本书的学术写作任务中的流利性被证实受外在因素影响，具体来说，就是受硕士论文中程式语使用频率的影响。

Latif（2009）把写作流利性指标分为文本成品指标和写作过程指标两类。本书采用文本成品指标，重点考察写作文本，具体包括频数测量指标（T 单位频数、子句频数）和比率测量指标（T 单位平均长度、子句平均长度）。本书发现，程式语的形符频率与 T 单位频数和子句频数这两个流利性指标呈显著负相关，与子句平均长度指标呈显著正相关。这说明流利性频数指标（T 单位频数和子句频数）存在不稳定性，比率指标（子句平均长度）较为稳定，因为根据前人研究的理论假设，程式语的使用频率越高，写作文本越流利。例如，Coxhead 和 Byrd（2007：135）认为，程式语的使用是写作流利性的“定义标记”。子句平均长度指标与程式语使用频率呈显著正相关，说明程式语使用越多，写作流利性越高。这一结果与其他口语语境的相关研究结果一致,因为程式语是整体储存于大脑记忆并被整体提取，这样可以提升提取的速度，增加了流利性（Wray & Perkins，2000）。

综上，基于学术写作任务的流利性测量指标中，“子句平均长度”这一比率测量指标比其他三个指标“T 单位频数”“T 单位平均长度”“子句频数”更加稳定，更具有效度。前人关于二语学习者通用写作任务的流利性研究也得出相似结果。秦晓晴和毕劲（2012）分析了大一到大四年级 240 篇英语专业大学生作文的流利性特征，作文题目有两个：①议论文“Education as a lifelong process”；②说明文“The impact of Internet on ...”。研究结果发现，比率测量指标比频数测量指标更加稳定、更有效度，因为比率测量指标不受写作长度等因素影响，而且对写作质量的影响更大。他们还发现“子句平均长度”这一比率测量指标对写作成绩有一定的预测力，能够区分不同水平的写作者。本书验证了“子句平均长度”这一写作流利性测量指标的效度，为写作流利性的评价研究提供了实证支持，为写作教学提供了有益启示。

8.6 小　　结

首先，在使用频率对写作流利性的影响方面，相关分析表明，程式语的形符频率与 T 单位频数和子句频数这两个流利性指标呈显著负相关，与子句平均长度指标呈显著正相关。程式语的类符频率与子句频数指标呈显著负相关，与子句平均长度指标呈显著正相关。研究还发现形符频率的低频组与写作流利性具有显著相关关系。类符频率的低频组与写作流利性也具有显著相关关系。回归分析发现，程式语形符频率可以解释写作流利性（子句频数）4%以上的方差。程式语形符频率和程式语类符频率可以解释写作流利性（子句平均长度）3%和 7%以上的方差。可以看出，程式语类符频率解释的方差大于程式语形符频率。

其次，在结构类型对写作流利性的影响方面，相关分析发现，程式语的所有结构类型均与写作流利性（T 单位频数）没有显著相关性；名词短语、介词短语、动词短语这三个结构类型均与写作流利性（子句频数）呈显著负相关；介词短语与写作流利性（T 单位平均长度）呈现显著正相关；所有结构类型均与写作流利性（子句平均长度）存在显著正相关。以上结果说明，如果以子句频数为写作流利性指标，程式语的结构类型可抑制写作流利性的发展；如果以子句平均长度为写作流利性指标，程式语的结构类型可显著促进写作流利性的发展。回归分析发现，程式语名词短语结构可以解释写作流利性（子句频数）4%以上的方差。

最后，在语篇功能对写作流利性的影响方面，相关分析发现，程式语的参考指示功能与写作流利性（子句频数）呈显著负相关，与写作流利性（子句平均长度）指标呈显著正相关。文本组织和立场表达这两种语篇功能与写作流利性未呈现显著相关性。以上结果说明，程式语的参考指示功能对子句频数有抑制作用，即发挥参考指示功能的程式语的频数越多，子句频数越低；同时，程式语的参考指示功能对子句平均长度有促进作用，即发挥参考指示功能的程式语的频数越多，子句平均长度越长，写作流利性也越高。回归分析发现，参考指示功能可以解释写作流利性（子句频数）4%以上的方差。

第 9 章

学术写作复杂性、准确性、流利性之间的关系

前面的第 6~8 章分别探讨了非习语程式语对学术写作语言产出的影响。本章继续探讨学术写作语言产出的复杂性、准确性、流利性之间的关系。本章分为 3 节：9.1 节汇报复杂性、准确性和流利性之间的相互影响；9.2 节汇报非习语程式语的频率对复杂性、准确性、流利性之间关系的影响；9.3 节为小结。

9.1 复杂性、准确性和流利性之间的相互影响

表 9.1 呈现的是硕士论文写作复杂性、准确性、流利性之间的相互影响。总体来看，准确性与词汇复杂性不相关（$R^2 = 0.001 < 0.01$）；与句法复杂性呈小范围相关（$R^2 = 0.013 > 0.01$），向相反的方向变化；与流利性（子句频数）呈小范围相关（$R^2 = 0.023 > 0.01$），向相反的方向变化；与流利性（子句平均长度）不相关（$R^2 = 0.004 < 0.01$）。这说明准确性与句法复杂性及流利性（子句频数）存在较小程度的竞争。词汇复杂性与流利性（子句频数）呈中等相关（$R^2 = 0.157 < 0.25$），变化方向相同；与流利性（子句平均长度）不相关（$R^2 = 0.002 < 0.01$），变化方向相反。句法复杂性与流利性（子句频数）呈高度相关（$R^2 = 0.370 > 0.25$），变化方向不同，即两个变量存在较为明显的竞争效应，即句法越复杂，子句数量越少；与流利性（子句平均长度）呈高度相关（$R^2 = 0.717 > 0.25$），变化方向相同，

即句法越复杂，子句平均长度也越长。

表 9.1 复杂性、准确性和流利性之间的相互影响

因变量		R^2	变化方向
准确性	词汇复杂性	0.001	+
	句法复杂性	0.013	–
	流利性（子句频数）	0.023	–
	流利性（子句平均长度）	0.004	–
词汇复杂性	流利性（子句频数）	0.157	+
	流利性（子句平均长度）	0.002	–
句法复杂性	流利性（子句频数）	0.370	–
	流利性（子句平均长度）	0.717	+

注：+指相同的变化方向；–指相反的变化方向。根据 Cohen（1992）的参考值，$R^2 \leq 0.01$ 在心理语言学领域表示没有相关性；$0.01 < R^2 \leq 0.09$ 表示小范围相关；$0.09 < R^2 \leq 0.25$ 表示中等相关；$0.25 < R^2 \leq 1.0$ 表示高度相关

本书中硕士论文语言产出的三个维度之间，准确性与流利性（子句频数）存在较低程度的竞争，与句法复杂性存在较低程度的竞争；句法复杂性与流利性（子句频数）之间存在较高程度的竞争。这说明非本族语学习者在学术写作中的准确性提高一些，子句的数量就会有所减少，流利性随之降低；句法复杂性提高一些，准确性就会随之降低，同时子句数量也会减少，流利性随之降低。可以看出，以上结果存在矛盾之处。前面的结果是准确性提高，子句数量减少，流利性降低；后面的结果是准确性降低，子句数量也减少，流利性降低。这反映出子句频数这一写作流利性频数指标不可靠，不能正确反映写作流利性及其与其他变量之间的关系。研究还发现，词汇复杂性与流利性（子句频数）呈中等相关，变化方向相同。这说明词汇复杂性提高，子句频数会随之增加，两者是相互促进的关系。句法复杂性与流利性（子句平均长度）之间呈高度相关性，变化方向相同，即句法越复杂，子句平均长度也越长。这说明以子句平均长度这一比率指标测量流利性，句法复杂性与写作流利性是相互促进关系。

9.2　非习语程式语的频率对复杂性、准确性、流利性之间关系的影响

表 9.2 呈现的是程式语形符高频组、中频组和低频组的写作复杂性、准确性、流利性之间的相互影响。在高频组中，准确性与词汇复杂性呈小范围相关（$R^2 = 0.015 > 0.01$），变化方向相同；与句法复杂性呈小范围相关（$R^2 = 0.062 > 0.01$），向相同的方向变化；与流利性（子句频数）呈小范围相关（$R^2 = 0.023 > 0.01$），向相反的方向变化；与流利性（子句平均长度）不相关（$R^2 = 0.004 < 0.01$）。词汇复杂性与流利性（子句频数）不相关（$R^2 = 0.000<0.01$），变化方向相同；与流利性（子句平均长度）呈小范围相关（$R^2 = 0.041>0.01$），向相反的方向变化。句法复杂性与流利性（子句频数）呈小范围相关（$R^2 = 0.059>0.01$），向相反的方向变化；与流利性（子句平均长度）呈小范围相关（$R^2 = 0.037>0.01$），变化方向相同。综合以上研究结果，高频组的准确性与流利性（子句频数）存在较低程度的竞争。词汇复杂性与流利性（子句平均长度）存在较低程度的竞争。句法复杂性与流利性（子句频数）存在较低程度的竞争。

表 9.2　程式语形符不同频率分组下的复杂性、准确性和流利性之间的相互影响

因变量		高频组		中频组		低频组	
		R^2	变化方向	R^2	变化方向	R^2	变化方向
准确性	词汇复杂性	0.015	+	0.075	–	0.006	+
	句法复杂性	0.062	+	0.016	+	0.003	–
	流利性（子句频数）	0.023	–	0.023	–	0.023	–
	流利性（子句平均长度）	0.004	–	0.004	–	0.004	–
词汇复杂性	流利性（子句频数）	0.000	+	0.072	+	0.041	–
	流利性（子句平均长度）	0.041	–	0.203	–	0.001	+
句法复杂性	流利性（子句频数）	0.059	–	0.035	–	0.034	–
	流利性（子句平均长度）	0.037	+	0.029	+	0.043	+

在中频组中，准确性与词汇复杂性呈小范围负相关（$R^2 = 0.075>0.01$），变化方向不同；与句法复杂性呈小范围相关（$R^2 = 0.016>0.01$），向相同的方向变化；与流利性（子句频数）呈小范围相关（$R^2 = 0.023>0.01$），向相反的方向变化；与流利性（子句平均长度）不相关（$R^2 = 0.004<0.01$）。词汇复杂性与流利性（子句频数）呈小范围相关（$R^2 = 0.072>0.01$），变化方向相同；与流利性（子句平均长度）呈中等相关（$R^2 = 0.203>0.09$），向相反的方向变化，说明两个变量存在较为明显的竞争效应，即词汇越复杂，子句平均长度越短。句法复杂性与流利性（子句频数）呈小范围相关（$R^2 = 0.035>0.01$），向相反的方向变化；与流利性（子句平均长度）呈小范围相关（$R^2 = 0.029>0.01$），变化方向相同。综合以上研究结果，中频组的准确性与流利性（子句频数）存在较低程度的竞争，与词汇复杂性存在较低程度的竞争；词汇复杂性与流利性（子句平均长度）存在中等程度的竞争；句法复杂性与流利性（子句频数）存在较低程度的竞争。

在低频组中，准确性与词汇复杂性呈不相关（$R^2 = 0.006<0.01$）；与句法复杂性也不相关（$R^2 = 0.003<0.01$）；与流利性（子句频数）呈小范围相关（$R^2 = 0.023>0.01$），向相反的方向变化；与流利性（子句平均长度）不相关（$R^2 = 0.004<0.01$）。词汇复杂性与流利性（子句频数）呈小范围相关（$R^2 = 0.041>0.01$），变化方向不同；与流利性（子句平均长度）不相关（$R^2 = 0.001<0.01$）。句法复杂性与流利性（子句频数）呈小范围相关（$R^2 = 0.034>0.01$），向相反的方向变化；与流利性（子句平均长度）也呈小范围相关（$R^2 = 0.043>0.01$），变化方向相同。综合以上研究结果，低频组的准确性与流利性（子句频数）存在较低程度的竞争，词汇复杂性与流利性（子句频数）存在较低程度的竞争，句法复杂性与流利性（子句频数）存在较低程度的竞争。

表 9.3 呈现的是程式语类符高频组、中频组和低频组的写作复杂性、准确性、流利性之间的相互影响。在高频组中，准确性与词汇复杂性呈小范围相关（$R^2 = 0.056>0.01$），变化方向相同；与句法复杂性呈小范围相关（$R^2 = 0.027>0.01$），变化方向相同；与流利性（子句频数）呈小范围相关（$R^2 = 0.023>0.01$），向相反的方向变化；与流利性（子句平均长度）不相关（$R^2 =$

0.004<0.01)。词汇复杂性与流利性(子句频数)呈小范围相关(R^2 = 0.018>0.01)，变化方向相反；与流利性（子句平均长度）不相关（R^2 = 0.002<0.01）。句法复杂性与流利性（子句频数）呈小范围相关（R^2 = 0.021>0.01），变化方向相反；与流利性（子句平均长度）呈中等相关（R^2 =0.151>0.09），变化方向相同。综合以上研究结果，高频组的准确性与流利性（子句频数）存在较低程度的竞争，词汇复杂性与流利性（子句频数）存在较低程度的竞争，句法复杂性与流利性（子句频数）存在较低程度的竞争。

表 9.3　程式语类符不同频率分组下的复杂性、准确性和流利性之间的相互影响

因变量		高频组		中频组		低频组	
		R^2	变化方向	R^2	变化方向	R^2	变化方向
准确性	词汇复杂性	0.056	+	0.013	–	0.077	+
	句法复杂性	0.027	+	0.113	+	0.008	+
	流利性（子句频数）	0.023	–	0.023	–	0.023	–
	流利性（子句平均长度）	0.004	–	0.004	–	0.004	–
词汇复杂性	流利性（子句频数）	0.018	–	0.008	–	0.019	–
	流利性（子句平均长度）	0.002	+	0.019	+	0.057	+
句法复杂性	流利性（子句频数）	0.021	–	0.137	–	0.043	–
	流利性（子句平均长度）	0.151	+	0.141	+	0.116	+

在中频组中，准确性与词汇复杂性呈小范围相关（R^2 = 0.013>0.01），变化方向相反；与句法复杂性呈中等相关（R^2 = 0.113>0.09），变化方向相同；与流利性（子句频数）呈小范围相关（R^2 = 0.023>0.01），向相反的方向变化；与流利性（子句平均长度）不相关（R^2 = 0.004<0.01）。词汇复杂性与流利性（子句频数）不相关（R^2 = 0.008<0.01）；与流利性（子句平均长度）呈小范围相关（R^2 = 0.019>0.01），变化方向相同。句法复杂性与流利性（子句频数）呈中等相关（R^2 = 0.137>0.09），向相反的方向变化，说明句法越复杂，子句频数越少；与流利性（子句平均长度）也呈中等相关

（R^2 = 0.141>0.09），变化方向相同。综合以上研究结果，中频组的准确性与词汇复杂性存在较低程度的竞争，准确性与流利性（子句频数）存在较低程度的竞争，句法复杂性与流利性（子句频数）存在中等程度的竞争。

在低频组中，准确性与词汇复杂性呈小范围相关（R^2 = 0.077>0.01），变化方向相同；与句法复杂性不相关（R^2 = 0.008<0.01）；与流利性（子句频数）呈小范围相关（R^2 =0.023>0.01），向相反的方向变化；与流利性（子句平均长度）不相关（R^2 =0.004<0.01）。词汇复杂性与流利性（子句频数）呈小范围相关（R^2 = 0.019>0.01），变化方向不同；与流利性（子句平均长度）呈小范围相关（R^2 = 0.057>0.01）。句法复杂性与流利性（子句频数）呈小范围相关（R^2 = 0.043>0.01），向相反的方向变化；与流利性（子句平均长度）呈中等相关（R^2 = 0.116>0.09），变化方向相同。综合以上研究结果，低频组的准确性与流利性（子句频数）存在较低程度的竞争，词汇复杂性与流利性（子句频数）存在较低程度的竞争，句法复杂性与流利性（子句频数）存在较低程度的竞争。

关于非习语程式语的使用频率对复杂性、准确性、流利性之间关系的影响，从形符频率和类符频率两个视角分析有助于全面思考问题。从形符频率视角的分析发现中频组的词汇复杂性与流利性（子句平均长度）存在中等程度的竞争，其他维度间存在较低程度的竞争。高频组和低频组的复杂性、准确性、流利性之间存在较低程度的竞争。从类符频率视角的分析发现句法复杂性与流利性（子句平均长度）在三个频率组均呈中等相关，变化方向相同，说明这两个变量可相互促进。中频组的句法复杂性与流利性（子句频数）存在中等程度的竞争，即句法越复杂，子句频数越少。这一结果不符合二语写作能力发展规律。复杂句（complex sentence）也称主从复合句，是由一个主句和一个或多个从句构成。因此，句法复杂性升高，子句（从句）数量理应增多。可以得出，子句频数不适合做写作流利性的有效测量指标。

综上，子句平均长度这一比率指标较为稳定，具有信效度。以子句平均长度为写作流利性测量指标，相关研究发现写作流利性与句法复杂性之间没有竞争关系，而是存在相互促进的关系。从形符频率视角的分析结果为中频组的词汇复杂性与写作流利性存在中等程度的竞争关系。从类符频率视角的分析结果为写作流利性与句法复杂性在三个频率组中均无竞争关系，而是存在相互促进的关系。Skehan（2009）指出流利性可以分别与准确性或复杂性一起发展，但不能同时与二者共同发展。本书结果与其完全一致。本书中复杂性、准确性、流利性之间的竞争现象既有意义与形式的竞争，如流利性对准确性和复杂性的影响；也有注意力资源的竞争，如准确性和复杂性之间的竞争。另外，非习语程式语的使用频率对学术写作语言产出的复杂性、准确性、流利性之间的关系具有一定的调节作用。非习语程式语的使用频率不同，对复杂性、准确性、流利性之间的关系的影响也不同。

9.3　小　　结

本书通过验证语言产出三个维度之间的关系，发现子句平均长度这一写作流利性比率测量指标较为稳定，具有信效度。因此，有关流利性的分析结果基于子句平均长度这一指标的数值表现。总体上，硕士论文语言产出的三个维度之间，句法复杂性与准确性存在较低程度的竞争。这说明非本族语学习者在学术写作中的句法复杂性提高一些，准确性就会随之降低。研究还发现，句法复杂性与流利性（子句平均长度）之间呈高度相关，变化方向相同，即句法越复杂，子句平均长度也越长。这说明以子句平均长度这一比率指标测量流利性，句法复杂性与写作流利性是相互促进的关系。

本书还发现非习语程式语的使用频率对语言产出的三个维度间的关系有调节作用；程式语的使用频率不同，对复杂性、准确性、流利性之间关系的影响也不同。写作流利性（子句平均长度）与句法复杂性之间没有呈现竞争关系，而是呈现为相互促进的关系。具体来说，从形符频率视角的分析结果为中频组的词汇复杂性与写作流利性（子句平均长度）存在中等程度的竞争关系。从类符频率视角的分析结果为写作流利性（子句平均长度）与句法复杂性在三个频率组均无竞争关系，而是存在相互促进的关系。非习语程式语的使用频率对学术写作语言产出的复杂性、准确性、流利性之间关系具有一定的调节作用。

第 10 章

非习语程式语与学术写作语言产出

本书基于英语专业学生 100 篇硕士论文的自建学习者学术写作语料库，探讨了非习语程式语的使用频率、结构类型和语篇功能对中国英语学习者学术写作语言产出的影响，并深入分析了程式语的使用与学术写作流利性、复杂性和准确性之间的关系。本章分为 4 节，10.1 节对非习语程式语对语言产出的影响进行总结讨论，10.2 节对学术写作非习语程式语研究进行反思，10.3 节对提高学习者学术写作程式语运用能力发展提出建议，10.4 节是小结。

10.1 非习语程式语对语言产出影响的讨论

总体来说，非习语程式语与语言产出的关系主要由程式语的使用质量而不是使用数量决定。另外，语体特征对两者之间的关系也有一定的影响。下面从程式语对学术写作的复杂性、准确性、流利性三个方面的影响来讨论本书的研究结果。

10.1.1 非习语程式语与学术写作复杂性

关于非习语程式语对学术写作复杂性的影响，本书发现，程式语的形符频率和类符频率与词汇复杂性呈显著负相关；与句法复杂性呈显著正相关。这说明硕士生作者使用的程式语越多，词汇变异度越低，词汇复杂性就越低，即程式语的使用可抑制词汇复杂性的发展；同时，使用的程式语越多，复合名词短语的数量越多，句法复杂性就越高，即程式语的使用可促进句法复杂性的发展。前人基于口语语境和书面语语境的研究也支持这一发现。例如，Cortes（2004）发现学生经常在他们的学科写作中重复使用某些程式语，这使得写作文本极度缺乏复杂性。本书发现，程式语的使用与句法复杂性紧密联系且相互促进，这一结果与前人观点一致。句法复杂性的发展与目标语言的熟练程度密切相关（Ortega，2003）。句法复杂性和程式语都可以作为语言熟练程度的衡量标准（Wray，2002）。程式语的能力发展是从程式化模式到低范围模式，再到创造性构建（Ellis，2012）。因此，学界还需要进一步研究程式语的使用和写作复杂性之间的关系，继续探讨在不同发展阶段的学生作者的程式语运用能力。本书还发现程式语类符频率可以解释词汇复杂性 14%以上的方差，还可以解释句法复杂性 9%以上的方差。这说明程式语类符频率而不是形符频率能够同时预测词汇复杂性和句法复杂性的发展。因此，在学术写作中，学生作者应提高程式语使用意识，注重程式语的多样性，使用多种不同的程式语，以促进写作复杂性的发展。

在本书中，程式语的名词短语、介词短语和动词短语这三种结构类型均与词汇复杂性呈显著负相关；所有结构类型均与句法复杂性呈显著正相关。这说明程式语的结构类型可抑制词汇复杂性，即名词短语、介词短语和动词短语这三种结构类型的程式语使用的频数越多，词汇复杂性越低。这反映出硕士生作者使用三种结构的程式语的词汇密度低，同时缺乏词汇独特性、词汇丰富度和词汇多样性（Laufer & Nation，1995）。相反，使用名词短语、介词短语、动词短语和其他结构类型的程式语的频数越多，句法复杂性越高。这反映出使用各类结构的程式语可以使得学术写作文本的复合名词短语数量增多。分析还发现，名词短语结构可以解释词汇复杂性 14%以上的方差，说明这个变量可以在一定程度上预测词汇复杂性。介词短语结构和动词短语结构可以解释句法复杂性 11%和 22%以上的方差，说明这两个变量也能在一定程度上预测句法复杂性。因此，写作教师应鼓励学生平衡使用名词短语、介词短语和动词短语这三种结构类型，注重词汇的多样性、独特性和丰富度，有助于提升包括词汇复杂性和句法复杂性的写作复杂性发展。

程式语的参考指示、文本组织、立场表达这三种语篇功能在本书中均与词汇复杂性呈显著负相关；参考指示和文本组织这两个语篇功能与句法复杂性呈显著正相关。以上结果说明，程式语的语篇功能可抑制词汇复杂性，即发挥参考指示、文本组织、立场表达这三种语篇功能的程式语的频数越多，词汇复杂性越低；相反，发挥参考指示和文本组织语篇功能的程式语的频数越多，句法复杂性越高。程式语的语篇功能与写作复杂性的关系仍有待进一步验证，毕竟前人对程式语的语篇功能分类没有区分次类别或没有给出清晰的界限（Ädel & Erman，2012）。建议教师在学术英语课堂上注重培养学生的程式语语篇功能意识，增加相关练习，有效发挥程式语的语篇功能，以提升学术写作的语言产出复杂性发展。

本书还发现，参考指示功能可以解释词汇复杂性 12%以上的方差，说明这个变量可以预测词汇复杂性。参考指示功能和立场表达功能可以解释句法复杂性 11%和 15%以上的方差，说明这两个变量能够预测句法复杂性。Durrant 和 Mathews-Aydınlı（2011）建议在调查学生作者程式语的使用特征时，可以采用“功能优先方法”（a function-first approach），即先为语料库中程式语的交际功能做注释，然后针对每一个功能再按照复现频率提取程式语。因此，未来研究可从功能这一视角出发，探究程式语在非本族语学生作者的学术写作中的使用特征，并与本族语作者和专家作者的学术写作进行对比。

10.1.2　非习语程式语与学术写作准确性

关于非习语程式语对学术写作准确性的影响，本书发现程式语的使用频率，无论是形符还是类符，均不能影响和预测写作准确性的发展。只有低频组的类符频率与写作准确性呈显著正相关，说明在程式语使用较少的硕士论文中，不同程式语使用得越多，语法错误数量越少，写作准确性就越高。但在中频组和高频组里，程式语使用的数量与写作准确性没有关系。

这说明程式语频率可能有个阈值，在一定的阈值范围内，程式语与写作准确性相关；超过这个阈值，程式语与写作准确性就无关。前人研究汇报了二语学习者程式语使用和词汇层面的准确性之间的关系。例如，Huang（2015）对中国英语专业学生的5990篇限时议论文写作进行了研究，发现高年级学生比低年级学生使用更多的3~5词结构程式语，但程式语使用频率与词汇层面的准确性之间没有显著相关关系，具体来说，就是程式语的频率增加了，词汇量的准确性没有随之增加。

所以说，本书的研究结果在语法层面上为程式语与写作准确性之间的关系提供了新的视角。同时也说明，程式语的使用数量随着学习阶段的提高而提高，但不一定能够带动程式语使用准确性的提高。Qi和Ding（2011）对中国某大学56名英语专业学生进行了三年的程式语使用情况历时研究，发现对于中国学生而言，尽管他们在口语产出中的整体语言能力不断提升，但在使用含有介词和冠词的程式语时出错较多，掌握不好，这成为他们的学习难点。Shin等（2018）基于二语学习者语料库，发现学生作者在使用含有定冠词的程式语方面，存在“该用定冠词却没用、不该用定冠词却用了，以及使用其他错误词语代替定冠词”等语言错误（Dulay et al., 1982）。鉴于此，Shin和Kim（2017）通过程式语的教学干预实验，验证了教师采用程式语教学方法可以有效促进二语学习者的冠词习得效果。因此，本书的启示是，教师在培养学生的程式语使用能力的过程中，既要注重使用的数量，也要注重使用的质量，即准确性，尤其是含有介词和冠词的程式语。

在研究中，名词短语、介词短语、动词短语这三种结构类型与写作准确性不存在相关关系，说明硕士生作者在学术写作中出现的语法错误数量与使用哪种结构类型的程式语没有关联。其他结构类型与写作准确性存在显著负相关，说明除名词短语、介词短语、动词短语这三种结构类型以外的程式语使用越多，语法错误数量也越多，写作准确性就会降低。本书只探究了程式语使用与语法错误数量之间的关系，而学界有研究者呼吁，测量写作准确性的指标应考虑语法错误类型和语法错误程度（刘国忠、秦晓晴，2010）。未来研究可进一步验证程式语使用与语法错误类型和语法错误程度的关系。

在本书中，文本组织功能与写作准确性呈显著负相关，说明硕士生作者使用文本组织功能程式语的频数越多，语法错误数量越多，写作准确性就越低。这可能是因为硕士生作者在使用文本组织功能程式语方面能力较弱，尚未掌握好如何使用正确的且能够发挥文本组织功能的程式语。这一结果与前人研究结果不尽一致。Staples 等（2013）调查了二语写作者在托福考试写作部分中的程式语使用情况，发现不同语言水平的二语写作者在立场表达功能和文本组织功能程式语的使用方面是相似的，各水平组只出现了少量的参考指示功能程式语。这说明托福受试者不善使用参考指示功能程式语，而本书的研究发现是硕士生作者不善使用文本组织功能程式语。因此，学术写作教师应加强文本组织功能程式语的教学，培养学生正确熟练使用程式语，提高程式语整体应用能力。

10.1.3　非习语程式语与学术写作流利性

关于非习语程式语对学术写作流利性的影响，在本书中，写作流利性采用了四个测量指标：T 单位频数、子句频数、T 单位平均长度、子句平均长度。经过对程式语的使用特征与学术写作流利性关系的探索，本书发现，“子句平均长度”这一比率测量指标比其他三个指标更加稳定、更有效度。以下讨论以“子句平均长度”测量写作流利性的研究结果。本书发现程式语的形符频率与写作流利性（子句平均长度）指标呈显著正相关。这一结果与前人的理论假设一致，即使用程式语是体现写作流利性的“定义标记”（Coxhead & Byrd，2007：135），程式语的使用频数越多，写作文本越流利。这一结果与其他基于口语语境的相关研究结果也一致，因为程式语是整体储存于大脑记忆并被整体提取的，这样可以提升提取的速度，增加流利性（Wray & Perkins，2000）。同时，“频率效应”（Ellis，2002）也暗示程式语使用越多，学术文本的产出越流利。对不同频率的组间分析发现形符频率的低频组与写作流利性具有显著相关关系，类符频率的低频组与写作流利性也具有显著相关关系，说明程式语使用与写作流利性的关系受使用频率的调节。程式语形符频率和程式语类符频率均可以解释写作流利性（子句平均长度），但前者解释的方差（3%）小于后者解释的方差（7%）。以上结果说明子句平均长度指标可预测写作流利性的发展。学术文本中缺少程式语，意味着新手作者的写作缺乏流利性（Hyland，2008b）。结合本书的发现，广泛使用程式语本身有助于提升学术写作流利性，但重复使用特定程式语可能会削弱这种促进效果。

本书发现，随着学习阶段的升高，二语学习者的写作流利性也在逐步提高，而且写作流利性与写作任务的体裁和难度均有一定的联系。国外学者就程式语与写作流利性的关系做了一些研究。Ranjbar 等（2012）以伊朗大学的 90 名大学生为研究对象，采用教学实验方法，探讨了程式语的学习对外语学习者的段落写作流利性的影响，发现程式语教学法可以有效提升写作流利性。Wood（2009）采用个案研究方法，探讨了程式语显性教学法对二语口头叙事表达流利性的影响。研究发现，经过 6 周的程式语显性教学，一位日本英语学习者的口语流利性显著提高。这两项研究探讨的任务是段落写作和口头叙事，而本书探讨的是学术写作任务。虽然两项研究的任务不同，但研究结果大致相同，即程式语有助于提高语言产出的流利性，只是提高的程度有所不同，需要学界进一步比较验证不同学习任务中程式语对流利性的影响。

所有结构类型（名词短语、介词短语、动词短语）在本书中均与写作流利性（子句平均长度）存在显著正相关，说明如果以子句平均长度为写作流利性指标，程式语的结构类型可显著促进写作流利性的发展，同时反映出子句平均长度这一比率指标较为稳定和有效。从程式语的结构类型与写作流利性的关系来看，只要在学术写作中大量使用程式语，不论是什么结构类型，都有助于写作流利性的提升，这一结果符合学界对程式语和流利性关系的理论假设。Pawley 和 Syder（1983）认为程式语存在的前提是“本族语式的选择”和“本族语式的流畅”这两种能力。这一观点充分揭示了程式语对语言产出流利性能够产生积极影响。Ellis 等（2008）总结了国外三项程式语与准确性和流利性关系的实验研究，都验证了程式语使用能够促进语言产出流利性发展。钟志英和何安平（2012）针对口语语境的研究也得出相同的结果。本书从结构类型的视角分别探讨了不同结构类型与写作流利性的关系，丰富了学界对程式语这一语言现象及其对语言产出流利性维度的影响的认知和理解。

本书发现参考指示功能与写作流利性（子句平均长度）指标呈显著正相关，说明程式语的参考指示功能对子句平均长度这一比率指标有促进作用，即发挥参考指示功能的程式语的频数越多，子句平均长度越长，写作流利性也越高。前人研究对比了学术写作不同语言水平组的程式语语篇功能。Chen 和 Baker（2014）基于朗文学习者语料库调查了二语学生在学术写作中的程式语使用情况。研究发现低水平写作者比高水平写作者使用更多的参考指示功能程式语；高水平写作者在使用立场表达功能程式语方面比低水平写作者更具学术性和客观性；二语写作中出现 1/3 多的程式语发挥文本组织功能。Staples 等（2013）调查了二语写作者在托福考试写作部分中的程式语使用情况，发现不同语言水平的二语写作者在立场表达功能和文本组织功能程式语使用方面是相似的，各水平组只出现了少量的参考指示功能程式语。本书从硕士生作者个体使用的程式语的语篇功能出发，探讨了每篇硕士论文中程式语的语篇功能与写作流利性的关系，补充了学界的现有研究，为未来继续探讨程式语语篇功能、写作流利性和写作水平的关系研究提供了可操作的借鉴。

10.1.4 非习语程式语的使用频率与复杂性、准确性和流利性

关于非习语程式语的使用频率与写作复杂性、准确性和流利性之间的关系，本书发现非本族语学习者学术写作语言产出的三个维度复杂性、准确性与流利性之间存在竞争效应。这一结果部分支持了二语习得领域 Skehan（1998a）的竞争效应假设，即二语学习者在语言产出中的注意力资源在复杂性、准确性和流利性三个维度之间存在竞争。简单来说就是，三个维度中无论重视或突出哪一个，另外两个维度就有可能受到一定程度的抑制。比如，如果学习者在语言产出的复杂性方面投入更多的注意力资源，写作复杂性会相应提高，但流利性和准确性可能就会有所降低。本书中复杂性、准确性、流利性之间的竞争现象既有意义与形式的竞争，如流利性

（子句平均长度）与准确性和词汇复杂性的竞争；也有注意力资源的竞争，如准确性和句法复杂性之间的竞争。

本书还发现句法复杂性与流利性（子句平均长度）之间呈高度相关，变化方向相同，即句法越复杂，子句平均长度也越长。这说明以子句平均长度这一比率指标测量流利性，句法复杂性与写作流利性是相互促进关系。本书关于复杂性、准确性与流利性在学术写作语言产出中的关系研究结果支持了竞争与促进假设，该假设由 van Geert 和 Steenbeek（2005）基于复杂理论提出，即复杂性、准确性和流利性这三个维度不只存在竞争关系，而且能够相互促进和共同发展。Skehan（2009）指出流利性可以分别与准确性或复杂性一起发展，但不能同时与二者发展。本书的研究结果与其较为一致，即硕士论文的流利性（子句平均长度）与句法复杂性可相互促进、共同发展；准确性和词汇复杂性可相互促进、共同发展。前人还有一些关于不同构思条件对语言产出的影响的研究，也发现准确性和复杂性可同时提高（Ellis，2005；Foster & Skehan，1999；Ortega，2005）。

另外，程式语的使用频率对复杂性、准确性、流利性之间的关系具有一定的调节作用。程式语的使用频率不同，对复杂性、准确性、流利性之间的关系的影响也不同。从程式语的形符频率视角看，中频组的词汇复杂性与写作流利性（子句平均长度）存在中等程度的竞争关系。从程式语的类符频率视角看，句法复杂性与写作流利性（子句平均长度）在三个频率组中均无竞争关系，而是存在相互促进的关系。以上结果同样支持了 van Geert 和 Steenbeek（2005）的竞争与促进假设；同时说明程式语的使用频率可以在一定程度上调节学术写作语言产出的复杂性、准确性、流利性之间的关系。

综上，复杂性、准确性和流利性确实是评价二语语言产出的三个有效维度。这三个维度可以从不同方面反映任务特征和任务条件对语言产出的影响。Skehan（2009）提出在考察二语学习者完成任务的语言表现时，还需扩大测量的范围，考虑词汇的使用，要么将词汇单独测量，要么将其归入复杂性维度，分为词汇复杂性和句法复杂性。本书采用了第二种建议，词汇的测量被纳入了复杂性维度。对于本族语者来说，复杂性可能是一个整体，因为词汇复杂性和句法复杂性是同时存在发展的，而对于非本族语者来说是不同的，这两个维度似乎不能很好地融为一个整体（Skehan，2009）。本书的研究结果表明，融合复杂性、准确性、流利性以及词汇等维度的测量，可使非本族语学习者的学术写作语言产出评价更为有效。

10.2　学术写作非习语程式语研究反思

本书探讨了非习语程式语的使用频率、结构类型和语篇功能对我国英语学习者学术写作语言产出的影响，并深入分析了程式语的使用与学术写作流利性、复杂性和准确性的关系。基于研究结果，我们对二语习得领域的程式语研究和学术写作能力发展研究方面进行了反思。

10.2.1　程式语运用能力的内涵：使用数量还是使用质量？

非本族语学习者的程式语运用能力应由程式语的使用质量而不是使用数量来决定。本书厘清了程式语的形符频率和类符频率以及其与写作语言产出的关系，类符频率而不是形符频率能够同时预测词汇复杂性和句法复杂性的发展，而且类符频率比形符频率解释的写作流利性（子句平均长度）的方差也更大一些。类符频率可以同时反映程式语的使用数量和质量，而形符频率只能反映程式语的使用数量。本书的研究结果表明，类符频率更有助于促进学术写作语言产出的提升。前人研究发现，程式语的使用数量（形符频率）对写作质量没有积极的影响，如杨滢滢（2014）调查了英语专业 4 个年级中学习者的 128 篇同一主题作文，发现程式语的使用频数与写作质量呈显著负相关。在程式语研究中，学界应更多关注程式语的类符频率，而不是形符频率，以避免片面理解非本族语学习者的程式语使用特征及其与写作质量的关系。

除了程式语的使用频率外，本书还发现程式语的其他使用特征也存在一些问题，如程式语使用有口语化倾向、存在语言错误、缺乏多样性、结构类型不平衡、语篇功能单一等。据此，程式语的使用质量应涵盖使用的准确性、多样性和学术性，以及结构平衡、功能丰富等特征，且非本族语学习者的程式语运用能力应由程式语的使用质量来定义。Paquot 和 Granger（2012）的研究也表明学习者的程式语的使用数量提高不等于程式语的使用质量也得到相应提升，即便是高水平的学习者也会出现一些程式语使用错误（Thewissen，2013）。本书的研究结果丰富了短语学研究，为学界深入了解学术写作书面语的短语学特征提供了借鉴和启示。

10.2.2 程式语使用的个体差异与学术写作语言产出的关系

二语习得领域的程式语研究应加强对程式语使用的个体差异及其与学术写作语言产出的关系研究。前人研究多从整体视角探讨书面语语境中特定作者群体的程式语使用特征（Ädel & Erman，2012；Csomay，2013；Hyland 2008b；Hsu，2014；Liu，2012；Pan et al.，2016；Pérez Llantada，2014；Wood & Appel，2014）。整体视角的程式语研究一般基于大规模语料库提取集体样本数据，然后根据频率考察程式语的整体使用情况（如 Pan et al.，2016）。整体视角的程式语研究能够描绘特定作者群体使用程式语的全貌，但不能聚焦写作者个体的使用特征。鉴于此，近年来研究人员尝试探讨从个体视角考察程式语的使用特征。他们已经开始通过收集单个学术文本的数据，从发展观视角研究程式语的个体使用情况（Bestgen & Granger，2014；Chen & Baker，2016；Staples et al.，2013），但研究数量较少。个体视角的程式语研究虽聚焦于程式语使用的特征及其与程式语运用能力和第二语言写作能力发展的关系，尤其是与学术英语写作能力的关系，但仍有很多课题尚未解决。

本书从程式语使用的个体视角出发，调查了非习语程式语的使用频率、结构类型和语篇功能对中国英语学习者学术写作语言产出的影响，并深入分析了程式语的使用与学术写作流利性、复杂性和准确性的关系。本书回答了二语习得领域程式语习得研究亟须解决的相关问题，为未来研究提供了理论假设，为个体视角的程式语研究补充了实证文献。另外，根据本书的研究结果可以推理出，不同语境的程式语使用特征无可比性。课堂学术读写任务、硕士论文、博士论文、期刊论文等因为语体不同，写作目的就不同，程式语的使用特征也就不同，相互比较意义不大。相反，从个体视角为切入点，深入细致地探讨非本族语学习者的程式语使用，可能更有助于揭示程式语运用能力发展的认知过程和习得规律等。

10.2.3　语言产出的测量指标效度

语言产出和能力发展的测量指标需要大量的实证研究进行验证，以增强测量指标的效度。本书采用四个指标，即 T 单位频数、T 单位平均长度、子句频数、子句平均长度，对写作流利性的测量指标进行了效度验证。本书基于学术写作中程式语的使用特征及其与写作流利性的关系研究，验证出“子句平均长度”这一比率测量指标比其他三个指标更加稳定，更具有效度。“子句平均长度”是写作文本中从句的平均长度，属于测量写作流利性的文本成品指标，可以从文本视角反映和体现写作流利性的程度。有学者提出，写作流利性是“一种认知表征，主要表现为写作行为的速度和自如度，即快速轻松产出书面语，同时又受个体认知差异和各种外在因素的影响”（马蓉、秦晓晴，2013：315）。这个定义只关注了写作过程中的行为，而忽略了写作文本的质量，可以修订为：写作流利性是一种认知表征，表现为写作行为的速度和自如度，以及写作文本的流畅度，同时又受个体认知差异和各种外在因素的影响。本书用实证方法回应了 Latif（2013）向学界提出的倡议，即应该重新思考和深入探讨写作流利性的定义和测量指标。

10.2.4　复杂性、准确性、流利性之间的竞争与促进

本书支持了 Skehan（1998a）的竞争效应假设和 van Geert 和 Steenbeek（2005）的竞争与促进假设，为二语习得领域的语言产出维度之间的关系

研究提供了实证依据。本书基于学术写作任务，从程式语使用特征视角验证得出写作复杂性、准确性、流利性之间既有竞争关系也有促进关系。竞争关系具体表现为：复杂性、准确性、流利性之间的竞争现象既有意义与形式的竞争，如流利性（子句平均长度）与准确性和词汇复杂性的竞争；也有注意力资源的竞争，如准确性和句法复杂性之间的竞争。促进关系具体表现为：硕士论文的流利性（子句平均长度）与句法复杂性可相互促进、共同发展；准确性和词汇复杂性可相互促进、共同发展。

10.3 学习者学术写作程式语运用能力发展的建议

关于非本族语学习者的学术写作程式语运用能力发展问题，本书可为程式语教学和学术英语教师提供以下几点建议。

建议一：程式语较难习得，应按词频高低将程式语的习得难度进行排序，以便教师和学习者能够重点关注那些较难的程式语。本书发现期刊论文中高频使用的程式语较少被硕士生作者使用，因此对预期习得的程式语的难度等级进行排序，对于教学实践来说有着重要的指导意义。这样，教师和学生就会清楚哪些程式语习得难度较大，哪些习得难度较小，因此才能够特别关注那些较难的程式语，以便提高程式语的整体学习效率（Jones & Haywood，2004；Qin，2014）。

建议二：教师应重视培养和提升学习者的程式语使用质量，而不是使用数量。本书发现程式语的使用频率能够阻碍词汇复杂性的发展，而且在讨论二语学习者的短语能力时，质量可能比数量更能说明问题（Huang，2015）。学术英语教师应提醒学生，不要认为程式语使用越多越好，要避免在单篇论文中多次重复使用同一程式语，同时应鼓励学生明智地使用程式语，提高程式语的使用质量意识，在程式语使用的准确性、多样性和学术性，以及结构平衡、功能丰富等方面多下功夫，提高程式语整体使用能力。

建议三：非本族语学习者的程式语运用能力发展滞后，程式语教学干预应采用显性和隐性相结合的教学模式。本书发现硕士生作者在学术写作中的程式语整体使用能力较弱，使用的程式语缺乏多样性，结构类型不平衡，语篇功能不平衡，过度使用内容依赖型程式语，有口语化语言倾向，且有各类语法错误。所有这些不足，主要是因为缺少足够的程式语输入（Schmitt，2014），这就要求学校应加强课堂教学。然而，程式语的课堂教学与真实自然的语言运用有所脱离，教师尚未掌握有效的教学方法，学生也未获得相关的学习经验（Irujo，1986；Wray，2000）。自 2004 年以来关于各种程式语教学干预的实证研究逐渐增多，既有显性教学，也有隐性教学（Boers & Lindstromberg，2012）。这两种主要的程式语教学模式不是相互排斥的，而是相互补充的（Nation & Newton，1997；Schmitt，2000）。笔者建议学术英语教师应采用显性和隐性相结合的教学模式，对程式语教学进行干预，以期有效促进非本族语学习者的程式语运用能力发展，最终提高学术写作语言产出。

10.4　小　　结

非习语程式语对学术写作语言产出的影响研究，是应用语言学二语习得领域的重要研究课题。未来研究可从以下几个方面来进行。

第一，开展非本族语学习者的程式语运用能力发展研究。由于非本族语学生很难获得类似母语的程式语运用能力（Llantada，2014；Yorio，1989），因此程式语运用能力发展研究面临较大的挑战。本书是对这一课题的一次尝试，研究语料只有 100 篇学术写作论文，研究结论有待更多的实证研究予以验证。未来研究应继续开展非本族语学习者的程式语运用能力发展研究，为学术英语教学和教师提供有益的理论启示和实践参考，以切实帮助非本族语学习者提高程式语运用能力。

第二，开展不同水平写作者的程式语运用能力发展研究。本书只探讨了硕士生的毕业论文，未来研究还可以增加本科生和博士生的毕业论文，并对这三种不同写作水平的学术写作进行比较。

第三，开展不同词长的程式语运用能力发展研究。本书只提取了 4 词结构的程式语，未来研究可以将目标程式语扩展为 3~5 词结构的程式语，并比较不同词长的程式语，以全面了解各种长度的程式语运用能力发展特征及规律。

第四，开展不同学术写作任务中的程式语运用能力发展研究。本书只调查了硕士生的毕业论文，未来研究可调查课堂学术读写任务、开题报告、实验报告等其他类型的学术写作任务，并进行比较。

第五，开展多种语境的程式语运用能力发展研究。本书聚焦于书面语语境，探讨程式语的使用与学术写作流利性、复杂性和准确性的关系。未来研究可继续探讨口语语境中各种产出任务中的程式语使用特征及其与语言产出的关系。

参考文献

黄开胜. 2015. 中国英语学习者词块输出数量和质量的语料库调查研究[M]. 上海：华东师范大学出版社.

黄燕，王海啸. 2011. 二语语块研究的“中国图景”：语块研究的现状与前瞻[J]. 外语界，(3)：74-81.

雷蕾. 2017. 中国英语学习者学术写作句法复杂度研究[J]. 解放军外国语学院学报，40(5)：1-10.

李更春. 2014. 程式语加工研究：现状、问题及展望[J]. 现代外语，(2)：252-260.

李美霞. 2011. 语言程式与语言使用（第一辑）[M]. 北京：世界图书出版公司.

李梦骁，刘永兵. 2016. 基于语料库的中外学者学术语篇词块使用对比研究[J]. 现代外语，(4)：507-515.

梁茂成，李文中，许家金. 2010. 语料库应用教程[M]. 北京：外语教学与研究出版社.

刘国忠，秦晓晴. 2010. 二语写作准确性结构效度研究[J]. 外语与外语教学，(2)：19-25.

刘晓玲，刘鑫鑫. 2009. 基于语料库的大学生书面语词块语结构类型和语用功能研究[J]. 中国外语，(2)：48-53.

陆小飞，许琪. 2016. 二语句法复杂度分析器及其在二语写作研究中的应用[J]. 外语教学与研究，(3)：409-420.

马蓉，秦晓晴. 2013. 二语写作流利性研究趋势[J]. 现代外语（季刊），(3)：315-322.

潘璠. 2016. 语料库驱动的英语本族语和中国作者期刊论文词块结构和功能对比研究[J]. 外语与外语教学，(4)：115-123.

秦晓晴，毕劲. 2012. 二语写作流利性指标的效度——一项基于文本特征的研究[J]. 外语教学与研究（外国语文双月刊），(6)：899-911.

王立非，张岩. 2006. 基于语料库的大学生英语议论文中的语块使用模式研究[J]. 外语电化教学，(4)：36-41.

王丽. 2014. 二语学习者学位论文引言中非毗邻式词块的使用特征[J]. 外语与外语教学，(5)：61-66.

王敏，刘丁. 2013. 中国学习者英语学术论文手稿中立场标记词块使用研究[J]. 现代外语，(2)：190-197.

吴雪峰. 2017. 书面纠正性反馈作用下的英语写作复杂度发展研究[J].外语研究，(6)：66-70.

徐昉. 2012. 中国学习者英语学术词块的使用及发展特征研究[J]. 中国外语，(4)：51-56.

徐晓燕，王维民，熊燕宇，等. 2013. 中国英语专业学生英语议论文句法复杂性研究[J]. 外语教学与研究（外国语文双月刊），(2)：264-275.

许先文. 2010. 非英语专业研究生二语写作中的词块结构类型研究[J]. 外语界，(5)：42-47.

杨滢滢. 2014. 英语专业学习者同一主题作文的词汇发展和词块运用特征[J]. 外语界，(2)：58-66.

易保树，罗少茜. 2012. 工作记忆容量对二语学习者书面语产出的影响[J]. 外语教学与研究，(4)：536-546.

钟志英，何安平. 2012. 中国英语学习者对高频非习语英语程式语的心理表征研究[J]. 外语教学与研究，(6)：886-898.

周惠，刘永兵. 2015. 中国英语学习者学术语块使用的语篇评价意义研究——以学术立场语块的语义韵为例[J]. 外语界，(6)：35-44.

Ädel, A. & B. Erman. 2012. Recurrent word combinations in academic writing by native and non-native speakers of English: A lexical bundles approach [J]. *English for Specific Purposes*, 31(2): 81-92.

Ai, H. & X. Lu. 2013. A corpus-based comparison of syntactic complexity in NNS and NS university students writing [A]. In A. Díaz-Negrillo, N. Ballier & P. Thompson (Eds.), Automatic Treatment and Analysis of Learner Corpus Data [C]. Amsterdam: John Benjamins: 249-264.

AlHassan, L. & D. Wood. 2015. The effectiveness of focused instruction of formulaic sequences in augmenting L2 learners' academic writing skills: A quantitative research study [J]. *Journal of English for Academic Purposes*, (17): 51-62.

Appel, R. & P. Trofimovich. 2017. Transitional probability predicts native and non-native use of formulaic sequences [J]. *International Journal of Applied Linguistics*, 27(1): 24-43.

Attali, Y. & J. Burstein. 2006. Automated essay scoring with E-rater V.2 [J]. *Journal of Technology, Learning and Assessment*, 4(3): 1-30.

Beers, S. F. & W. E. Nagy. 2009. Syntactic complexity as a predictor of adolescent writing quality: Which measures? Which genre? [J]. *Reading and Writing*, (22): 185-200.

Bestgen, Y. 2017. Beyond single-word measures: L2 writing assessment, lexical richness and formulaic competence [J]. *System*, (69): 65-78.

Bestgen, Y. & S. Granger. 2014. Quantifying the development of phraseological competence in L2 English writing: An automated approach [J]. *Journal of Second Language Writing*, (26): 28-41.

Biber, D. 1988. *Variation Across Speech and Writing* [M]. Cambridge: Cambridge University Press.

Biber, D. 2006. *University Language: A Corpus-based Study of Spoken and Written Registers* [M]. Amsterdam: John Benjamins Publishing Company.

Biber, D. 2009. A corpus-driven approach to formulaic language in English: Multi-word patterns in speech and writing [J]. *International Journal of Corpus Linguistics*, (14): 275-311.

Biber, D. & S. Conrad. 1999. Lexical bundles in conversation and academic prose [A]. In H. Hasselgard & S. Oksefjell (Eds.), *Out of Corpora: Studies in Honor of Stig Johansson* [C]. Amsterdam: Rodopi: 181-189.

Biber, D., S. Conrad & V. Cortes. 2004. If you look at ...: Lexical bundles in university teaching and textbooks [J]. *Applied Linguistics*, 25(3): 371-405.

Biber, D., S. Johansson, G. Leech, et al. 1999. *The Longman Grammar of Spoken and Written English* [M]. London: Pearson Education ESL.

Boers, F. 2000. Metaphor awareness and vocabulary retention [J]. *Applied Linguistics*, 21(4): 553-571.

Boers, F. & S. Lindstromberg. 2012. Experimental and intervention studies on formulaic sequences in a second language [J]. *Annual Review of Applied Linguistics*, (32): 83-110.

Bolinger, D. 1976. Meaning and memory [J]. *Forum Linguisticum*, 1(1):1-14.

Bruton, D. L. 1985. *Toward Defining Written Fluency: Connecting Product and Process* [D]. Dissertation Abstracts International, 46, 2600A.

Bruton, D. L. & D. R. Kirby. 1987. Research in the classroom: Written fluency: Didn't we do that last year? [J]. *The English Journal*, 76(7): 89-92.

Bulté, B. & A. Housen. 2014. Conceptualizing and measuring short-term changes in L2 writing complexity [J]. *Journal of Second Language Writing*, 26(1): 42-65.

Casanave, C. 1994. Language development in students journals [J]. *Journal of Second Language Writing*, (3): 179-201.

Chen, Y.-H. & P. Baker. 2010. Lexical bundles in L1 and L2 academic writing [J]. *Language Learning & Technology*, 41(2): 30-49.

Chen, Y.-H. & P. Baker. 2016. Investigating criterial discourse features across second language development: Lexical bundles in rated learner essays, CEFR B1, B2 and C1 [J]. *Applied Linguistics*, 37(6): 849-880.

Cohen, J. 1992. A power primer [J]. *Psychological Bulletin*, (112): 155-159.

Conklin, K. & N. Schmitt. 2008. Formulaic sequences: Are they processed more quickly than nonformulaic language by native and nonnative speakers? [J]. *Applied Linguistics*, 29(1): 72-89.

Copper, T. C. 1976. Measuring written syntactic patterns of second language learners of German [J]. *The Journal of Educational Research*, (69): 176-183.

Cortes, V. 2004. Lexical bundles in published and student disciplinary writing: Examples from history and biology [J]. *English for Specific Purposes*, 23(4): 397-423.

Cortes, V. 2008. A comparative analysis of lexical bundles in academic history writing in English and Spanish [J]. *Corpora*, 3(1): 43-57.

Coxhead, A. 2000. A new academic word list [J]. *TESOL Quarterly*, (34): 213-238.

Coxhead, A. & P. Byrd. 2007. Preparing writing teachers to teach the vocabulary and grammar of academic prose [J]. *Journal of Second Language Writing*, 16(3): 129-147.

Csomay, E. 2013. Lexical bundles in discourse structure: A corpus-based study of classroom discourse [J]. *Applied Linguistics*, 34(3): 369-388.

Dobao, A. F. 2012. Collaborative writing tasks in the L2 classroom: Comparing group, pair, and individual work [J]. *Journal of Second Language Writing*, 21(1): 40-58.

Dulay, H., M. Burt & S. Krashen. 1982. *Language Two* [M]. Oxford: Oxford University Press.

Durrant, P. 2008. *High Frequency Collocations and Second Language Learning* [D]. Unpublished PhD dissertation, University of Nottingham.

Durrant, P. 2017. Lexical bundles and disciplinary variation in university students' writing: Mapping the territories [J]. *Applied Linguistics*, 38(2):165-193.

Durrant, P. & J. Mathews-Aydınlı. 2011. A function-first approach to identifying formulaic language in academic writing [J]. *English for Specific Purposes*, 30(1): 58-72.

Ellis, N. C. 1996. Sequencing in SLA: Phonological memory, chunking, and points of order [J]. *Studies in Second Language Acquisition*, (18): 91-126.

Ellis, N. C. 2012. Formulaic language and second language acquisition: Zipf and the phrasal Teddy Bear [J]. *Annual Review of Applied Linguistics*, (32): 17-44.

Ellis, N. C., R. Simpson-Vlach & C. Maynard. 2008. Formulaic language in native and second language speakers: Psycholinguistics, corpus linguistics, and TESOL [J]. *TESOL Quarterly*, 42(3): 375-396.

Ellis, R. 2005. *Planning and Task Performance in a Second Language* [M]. Amsterdam: John Benjamins.

Ellis, R. & G. Barkhuizen. 2005. *Analyzing Learner Language* [M]. Oxford: Oxford University Press.

Engber C. A. 1995. The relationship of lexical proficiency to the quality of ESL compositions [J]. *Journal of Second Language Writing*, 4(2): 139-155.

Faigley, L. 1980. Names in search of a concept: Maturity, fluency, complexity, and growth in written syntax [J]. *College Composition and Communication*, (31): 291-300.

Fischer, R. 1984. Testing written communicative competence in French [J]. *The Modern*

Language Journal, 68(1): 13-20.

Foster, P. & P. Skehan. 1999. The influence of source of planning and focus on planning on task-based performance [J]. *Language Teaching Research*, 3(3): 215-247.

Frantzen, D. 1995. The effects of grammar supplementation on written accuracy in an Intermediate Spanish content course [J]. *The Modern Language Journal*, 79(3): 329-344.

Gebhard, A. 1977. The relationship of writing quality to syntax: A transformation analysis of three prose samples [J]. *Research in the Teaching of English*, 12(3): 211-231.

Graesser, A. C., D. S. McNanara, M. L. Max., et al. 2004. Coh-Metrix: Analysis of text on cohesion and language [J]. *Behavior Research Methods, Instruments & Computers*, 36(2): 193-202.

Granger, S. 1998. Prefabricated patterns in advanced EFL writing: Collocations and formulae [A]. In A. Cowie (Ed.), *Phraseology: Theory, Analysis, and Applications* [C]. Oxford: Oxford University Press: 145-160.

Hedgcock, J. & N. Lefkowitz. 1992. Collaborative oral/aural revision in foreign language writing instruction [J]. *Journal of Second Language Writing*, 1(3): 255-276.

Hester, J. L. 2001. *Investigating Writing Fluency in Seventh and Eighth Graders' Narrative: An Expository First Draft* [D]. Dissertation Abstracts International, 62, 899A, University of Illinois, Chicago.

Hoey, M. 2005. *Lexical Priming: A New Theory of Words and Language* [M]. London: Routledge.

Housen, A. & F. Kuiken. 2009. Complexity, accuracy and fluency in second language acquisition [J]. Applied Linguistics, 30(4): 461-473.

Howarth, P. 1998. Phraseology and second language proficiency [J]. *Applied Linguistics*, 19(1): 24-44.

Hsu, W. 2014. The most frequent opaque formulaic sequences in English-medium college textbooks [J]. *System*, (47): 146-161.

Huang, K. 2015. More does not mean better: Frequency and accuracy analysis of lexical bundles in Chinese EFL learners' essay writing [J]. *System*, (53): 13-23.

Hyland, K. 2008a. As can be seen: Lexical bundles and disciplinary variation [J]. *English for Specific Purposes*, (27): 4-21.

Hyland, K. 2008b. Academic clusters: Text patterning in published and postgraduate writing [J]. *International Journal of Applied Linguistics*, 18(1): 41-62.

Irujo, S. 1986. A piece of cake: Learning and teaching idioms [J]. *ELT Journal*, 40(3): 236-242.

Irujo, S. 1993. Steering clear: Avoidance in the production of idioms [J]. *International Review of Applied Linguistics in Language Teaching*, 31(3): 205-219.

Jespersen, O. 1924. *The Philosophy of Grammar* [M]. London: Allen & Unwin.

Jiang, N. & T. M. Nekrasova. 2007. The processing of formulaic sequences by second language speakers [J]. *The Modern Language Journal*, 91(3): 433-445.

Johnson, M. D., L. Mercado & A. Acevedo. 2012. The effect of planning sub-processes on L2 writing fluency, grammatical complexity, and lexical complexity [J]. *Journal of Second Language Writing*, 21(3): 264-282.

Jones, M. & S. Haywood. 2004. Facilitating the acquisition of formulaic sequences: An exploratory study in an EAP context [A]. In N. Schmit (Ed.), *Formulaic Sequences: Acquisition, Processing and Use* [C]. Amsterdam: John Benjamins: 269-300.

Kameen, P. 1979. Syntactic skill and ESL writing quality [A]. In C. Yorio, K. Perkins & J. Schachter (Eds.), *On TESOL' 79: The Learner in Focus* [C]. Washington, DC: TESOL: 343-364.

Kepner, C. G. 1991. An experiment in the relationship of types of written feedback to the development of second-language writing skills [J]. *The Modern Language Journal*, (75): 305-313.

Kobayashi, H. & C. Rinnert. 1992. Effects of first language on second language writing: Translation versus direct composition [J]. *Language Learning*, 42(2): 183-209.

Lambert, C. & J. Kormos. 2014. Complexity, accuracy, and fluency in task-based L2 research: Toward more developmentally based measures of second language acquisition [J]. *Applied Linguistics*, 35(5): 607-614.

Larsen-Freeman, D. 1978. An ESL index of development [J]. *TESOL Quarterly*, (12):

439-448.

Latif, M. M. A. 2009. Toward a new process-based indicator for measuring writing fluency: Evidence from L2 writers' think-aloud protocols [J]. *The Canadian Modern Language Review*, 65(4): 531-558.

Latif, M. M. A. 2013. What do we mean by writing fluency and how can it be validly measured? [J]. *Applied Linguistics*, 34(1): 74-98.

Laufer B, & P. Nation. 1995. Vocabulary size and use: Lexical richness in L2 written production [J]. *Applied Linguistics*, 16(3): 307-322.

Lewis, M. 1993. *The Lexical Approach: The State of ELT and the Way Forward* [M]. Hove, England: Language Teaching.

Li, J. & N. Schmitt. 2009. The acquisition of lexical phrases in academic writing: A longitudinal case study [J]. *Journal of Second Language Writing*, 18(2): 85-102.

Lindstromberg, S., J. Eyckmans & R. Connabeer. 2016. A modified dictogloss for helping learners remember L2 academic English formulaic sequences for use in later writing [J]. *English for Specific Purposes*, (41): 12-21.

Liu, D. 2012. The most frequently-used multi-word constructions in academic written English: A multi-corpus study [J]. *English for Specific Purposes*, 31(1): 25-35.

Lu, X. 2010. Automatic analysis of syntactic complexity in second language writing [J]. *International Journal of Corpus Linguistics*, 15(4): 474-496.

Lu, X. 2011. A corpus-based evaluation of syntactic complexity measures as indices of college-level ESL writers language development [J]. *TESOL Quarterly*, 45(1): 36-62.

Lu, X. 2012. The relationship of lexical richness to the quality of ESL learners' oral narratives [J]. *The Modern Language Journal*, 96(2): 190-208.

Martinez, R. & N. Schmitt. 2012. A phrasal expressions list [J]. *Applied Linguistics*, 33(3): 299-320.

McCarthy, M. 2006. *Explorations in Corpus Linguistics*[M]. Cambridge: Cambridge University Press.

Milton, J. 1999. Lexical thickets and electronic gateways: Making text accessible by novice writers [A]. In C. N. Candlin & K. Hyland (Eds.), *Writing: Texts, Processes and*

Practices [C]. London: Longman: 221-243.

Monroe, J. 1975. Measuring and enhancing syntactic fluency in French [J]. *The French Review*, (48): 1023-1031.

Myles, F., R. Mitchell & J. Hooper. 1999. Interrogative chunks in French L2: A basis for creative construction [J]. *Studies in Second Language Acquisition*, 21(1): 49-80.

Nation, P. & J. Newton. 1997. Teaching vocabulary [A]. In J. Coady & T. Huckin (Eds.), *Second Language Vocabulary Acquisition: A Rationale for Pedagogy* [C]. Cambridge: Cambridge University Press: 238-254.

Ong, J. & L. J. Zhang. 2010. Effects of task complexity on the fluency and lexical complexity in EFL students' argumentative writing [J]. *Journal of Second Language Writing*, 19(4): 218-233.

Ortaçtepe, D. 2013. Formulaic language and conceptual socialization: The route to becoming nativelike in L2 [J]. *System*, 41(3): 852-865.

Ortega, L. 2003. Syntactic complexity measures and their relationship to L2 proficiency: A research synthesis of college-level L2 writing [J]. *Applied Linguistics*, 24(4): 492-518.

Ortega, L. 2005. What do learners plan? Learner-driven attention to form during pre-task planning [A]. In R. Ellis (Ed.), *Planning and Task Performance in a Second Language* [C]. Amsterdam: John Benjamins: 77-110.

Pan, F., R. Reppen & D. Biber. 2016. Comparing patterns of L1 versus L2 English academic professionals: Lexical bundles in telecommunications research journals [J]. *Journal of English for Academic Purposes*, (21): 60-71.

Paquot, M. & S. Granger. 2012. Formulaic language in learner corpora [J]. *Annual Review of Applied Linguistics*, (32): 130-149.

Pawley, A. & F. Syder. 1983. Two puzzles for linguistic theory: Nativelike selection and nativelike fluency [A]. In J. Richards & R. Schmidt (Eds.), *Language and Communication* [C]. London: Longman: 119-126.

Pérez-Llantada, C. 2014. Formulaic language in L1 and L2 expert academic writing: Convergent and divergent usage [J]. *Journal of English for Academic Purposes*, (14): 84-94.

Peters, E. & P. Pauwels. 2015. Learning academic formulaic sequences [J]. *Journal of English for Academic Purposes*, (20): 28-39.

Polio, C. 1997. Measures of linguistic accuracy in second language writing research [J]. *Language Learning*, (47): 101-143.

Qi, Y. & Y. Ding. 2011. Use of formulaic sequences in monologues of Chinese EFL learners [J]. *System*, 39(2): 164-174.

Qin, J. 2014. Use of formulaic bundles by non-native English graduate writers and published authors in applied linguistics [J]. *System*, (42): 220-231.

Ranjbar, N., A. Pazhakh & G. Bahmane. 2012. The effect of lexical bundles on Iranian EFL learners linguistic production fluency [J]. *International Education Studies*, 5(4): 243-251.

Read J. 2000. *Assessing Vocabulary* [M]. Cambridge: Cambridge University Press.

Robb, S., T. Ross & I. Shortreed. 1986. Salience of feedback on error and its effect on EFL writing quality [J]. *TESOL Quarterly*, (20): 82-96.

Robinson, P. 2001. Task complexity, cognitive resources, and syllabus design: A triadic framework for examining task influences on SLA [A]. In P. Robinson (Ed.), *Cognition and Second Language Instruction* [C]. Cambridge: Cambridge University Press: 287-318.

Römer, U. 2009. English in academia: Does nativeness matter? [J]. *International Journal of English Studies*, 20(2): 89-100.

Salazar, D. 2014. *Lexical Bundles in Native and Non-native Scientific Writing: Applying a Corpus-based Study to Language Teaching* [M]. Amsterdam: John Benjamins.

Schauer, G. A. & S. Adolphs. 2006. Expressions of gratitude in corpus and DCT data: Vocabulary, formulaic sequences, and pedagogy [J]. *System*, 34(1): 119-134.

Schmidt, R. 1992. Psychological mechanisms underlying second language fluency [J]. *Studies in Second Language Acquisition*, (14): 357-385.

Schmitt, N. 2000. *Vocabulary in Language Teaching*[M]. Cambridge: Cambridge University Press.

Schmitt, N. 2004. *Formulaic Sequences: Acquisition, Processing and Use* [M]. Amsterdam:

John Benjamins.

Schmitt, N. 2014. *Researching Vocabulary: A Vocabulary Research Manual* [M]. Beijing: Foreign Language Teaching and Research Press.

Shin, Y. K. & Y. Kim. 2017. Using lexical bundles to teach articles to L2 English learners of different proficiencies [J]. *System*, (69): 79-91.

Shin, Y. K., V. Cortes & I. W. Yoo. 2018. Using lexical bundles as a tool to analyze definite article use in L2 academic writing: An exploratory study [J]. *Journal of Second Language Writing*, (39): 29-41.

Simpson-Vlach, R. & N. C. Ellis. 2010. An academic formulas list: New methods in phraseology research [J]. *Applied Linguistics*, 31(4): 487-512.

Sinclair, J. M. 1991. *Corpus, Concordance, Collocation* [M]. Oxford: Oxford University Press.

Sinclair, J. M. 2004. The search for units of meaning [A]. In J. M. Sinclair (Ed.), *Trust the Text: Language, Corpus and Discourse* [C]. London: Routledge: 24-48.

Skehan, P. 1998a. *A Cognitive Approach to Language Learning* [M]. Oxford: Oxford University Press.

Skehan, P. 1998b. Task-based instruction [J]. *Annual Review of Applied Linguistics*, (18): 268-286.

Skehan, P. 2001. Tasks and language performance assessment [A]. In M. Bygate, P. Skehan, & M. Swain (Eds.), *Research Pedagogic Tasks: Second Language Learning, Teaching, and Testing*[C]. London: Longman: 167-185.

Skehan, P. 2009. Modelling second language performance: Integrating complexity, accuracy, fluency, and lexis [J]. *Applied Linguistics*, 30(4): 510-532.

Skehan, P & P. Foster. 2001. Cognition and tasks [A]. In P. Robinson (Ed.), *Cognition and Second Language Instruction* [C]. Cambridge: Cambridge University Press: 183-205.

Staples, S., J. Egbert, D. Bibe, et al. 2013. Formulaic sequences and EAP writing development: Lexical bundles in the TOEFL iBT writing section [J]. *Journal of English for Academic Purposes*, 12(3): 214-225.

Stubbs, M. 1995. Collocations and semantic profiles: On the cause of the trouble with quantitative methods [J]. *Functions of language*, 2(1): 23-55.

Swinney, D. A. & A. Cutler. 1979. The access and processing of idiomatic expressions [J]. *Journal of Verbal Learning and Verbal Behavior*, 18(5): 523-534.

Tarone, E., B. Downing, A. Cohen, et al. 1993. The writing of Southeast Asian-American students in secondary school and university [J]. *Journal of Second Language Writing*, (2):149-172.

Thewissen, J. 2013. Capturing L2 accuracy developmental patterns: Insights from an error-tagged EFL learner corpus [J]. *The Modern Language Journal*, 97(S1): 77-101.

van Geert, P. & H. Steenbeek. 2005. Explaining "after" by "before": Basic aspects of a dynamic systems approach to the study of development [J]. *Developmental Review*, 25(3-4): 408-442.

Vincent, B. 2013. Investigating academic phraseology through combinations of very frequent words: A methodological exploration [J]. *Journal of English for Academic Purposes*, 12(1): 44-56.

Wigglesworth, G. & N. Storch. 2009. Pair versus individual writing: Effects on fluency, complexity and accuracy [J]. *Language Testing*, 26(3): 445-466.

Wolfe-Quintero, K., S. Inagaki & K. Hae-Young. 1998. *Second Language Development in Writing: Measures of Fluency, Accuracy and Complexity* [M]. Honolulu: University of Hawaii Press.

Wong-Fillmore, L. 1976. *The Second Time Around: Cognitive and Social Strategies in Second Language Acquisition* [D]. PhD dissertation, Stanford University.

Wood, D. 2009. Effects of focused instruction of formulaic sequences on fluent expression in second language narratives: A case study [J]. *The Canadian Journal of Applied Linguistics*, 12(1): 39-57.

Wood, D. C. & R. Appel. 2014. Multiword constructions in first year business and engineering university textbooks and EAP textbooks [J]. *Journal of English for Academic Purposes*, (15): 1-13.

Wray, A. 2000. Formulaic sequences in second language teaching: Principle and practice [J]. *Applied Linguistics*, 21(4): 463-489.

Wray, A. 2002. *Formulaic Language and the Lexicon* [M]. Cambridge: Cambridge University Press.

Wray, A. 2008. *Formulaic Language: Pushing the Boundaries* [M]. Oxford: Oxford University Press.

Wray, A. & M. R. Perkins. 2000. The functions of formulaic language [J]. *Language and Communication*, (20): 1-28.

Yasuda, S. 2010. Learning phrasal verbs through conceptual metaphors: A case of Japanese EFL learners [J]. *TESOL Quarterly*, (44): 250-273.

Yorio, C. A. 1989. Idiomaticity as an indicator of second language proficiency [A]. In K. Hyltenstam & L. K. Obler (Eds.), *Bilingualism Across the Lifespan* [C]. Cambridge: Cambridge University Press: 55-72.

Yuldashev, A., J. Fernandez & S. L. Thorne. 2013. Second language learners' contiguous and discontiguous multi-word unit use over time [J]. *Modern Language Journal*, 97(S1): 31-45.

附录1

自建学习者学术写作语料库

序号	学校	研究方向	论文题目	年份
001	东北林业大学	英语语言文学	The Study on Text Construction of the English Argumentation from Perspectives of Adaptive Transfer	2017
002	东北林业大学	英语语言文学	The Comparative Study on the Engagement Resources in Chinese and American English Editorials from the Perspective of Appraisal Theory	2017
003	东北林业大学	英语语言文学	The Study of English Polysemy Learning Strategies Based on the Prototype Theory	2017
004	东北林业大学	外国语言学及应用语言学	A Study on the Effects of Explicit and Implicit Teaching on the Acquisition of Lexical Chunks for English Majors	2017
005	大连外国语大学	外国语言学及应用语言学	A Corpus-based Study on the Use and Development of Cohesive Devices and Their Relations with the Quality of Chinese English Majors' Argumentative Writing	2018
006	大连外国语大学	外国语言学及应用语言学	An Empirical Study on English Majors' Use of Self-regulated Learning Strategies in the Flipped Classroom	2018
007	大连外国语大学	外国语言学及应用语言学	A Comparative Study of the City Image of Dalian and Shenzhen in COCA Based on Attitudinal Resources	2018
008	大连外国语大学	外国语言学及应用语言学	A Study on Effects of Blended Learning Mode on English Learners' Motivation Under the Background of Information Technology—A Case Study of a Certain University of Foreign Languages	2018
009	大连外国语大学	外国语言学及应用语言学	A Study on the Teaching Strategies Employed in Cultivating English Majors' Intercultural Communicative Competence Through Courses Based on Cultural Contents	2017

续表

序号	学校	研究方向	论文题目	年份
010	大连外国语大学	英语语言文学	A Reading of Border Crossing in Louise Erdrich's *The Antelope Wife* and *Fotir Sotils*	2018
011	大连外国语大学	英语语言文学	A Study on Teachers' Roles in the Teaching of Project-based Courses on English-speaking Countries/Areas for English Majors	2018
012	大连外国语大学	英语语言文学	Researches on English Majors' Intercultural Sensitivity and Cultural Identity Anxiety	2018
013	大连外国语大学	英语语言文学	A Study on the Effects of Writing Corrective Feedback on Chinese EFL Learners' Acquisition of Subject-Verb Agreement	2017
014	大连外国语大学	英语语言文学	A Spatial Analysis of the Marginal Fugitives in Tennessee Williams's *Orpheus Descending*	2017
015	大连外国语大学	英语语言文学	A Theatre Semiotic Interpretation of the Main Characters in Tennessee Williams's Three Plays	2017
016	大连外国语大学	英语语言文学	A Study on the Translation of Cultural Imagery from the Perspective of Cultural Linguistics: A Case of English Translations of the Secrete History of the Mongols	2015
017	大连外国语大学	英语语言文学	A Comparative Citation Study in Results & Discussion Between Chinese Master's & Doctoral Theses and English Journal Articles	2015
018	大连外国语大学	英语语言文学	A Study of Ethical Choice in the *Cement Garden* from the Perspective of Trauma	2015
019	大连外国语大学	英语语言文学	An Interactive Pragmatic Study of English and Chinese First-person Reference	2015
020	大连外国语大学	英语语言文学	A Study on Semantic Prosody in Chinese-English Translations: A Case Study of the Three English Versions of "A Madman's Diary"	2014
021	大连外国语大学	英语语言文学	A Comparative Study of Elite English Speech Discourses Between Chinese and American Universities from the Perspective of Positive Discourse Analysis	2014
022	大连外国语大学	英语语言文学	A Study of Academic Self-concept of the Second-year English Major under Content-based Instruction	2014
023	北京第二外国语学院	英语语言文学	Quantitative Analysis of Influential Factors on L2 Argumentative Writing Quality	2018

续表

序号	学校	研究方向	论文题目	年份
024	北京第二外国语学院	英语语言文学	Body Interconnection: A Material Feminist Interpretation of Ruth Ozeki's *All Over Creation*	2018
025	北京第二外国语学院	英语语言文学	The Garden and the Forest: An Ecocritical Approach to Wilderness in *The Scarlet Letter*	2016
026	北京第二外国语学院	英语语言文学	AOA Effects on Foreign Language Prosody Among Chinese Children	2017
027	北京第二外国语学院	英语语言文学	The Effect of Context and Learning Mode on Vocabulary Acquisition and Retention	2015
028	北京第二外国语学院	英语语言文学	A Study on the Organization Pattern and Its Influencing Factors of Chinese & English Logical Resultative Formulae in the Mental Lexicon of Chinese — English Bilinguals	2014
029	北京第二外国语学院	英语语言文学	A Comparative Study of Verbal Humor in Chinese and American Sitcoms from the Perspective of Cross-cultural Pragmatics—A Case Study of *Ipartment* and *Friends*	2014
030	北京第二外国语学院	英语语言文学	"Playground" in John Earth's Letters	2017
031	山东师范大学	外国语言学及应用语言学	An Analytic Study of High School English Teacher Talk from the Educational Ecology Perspective	2018
032	山东师范大学	外国语言学及应用语言学	Critical Discourse Analysis of Political Discourse Under the Approach of Cognitive Linguistics: A Case Study on Brexit Reports	2018
033	山东师范大学	英语语言文学	Trauma and Identity Construction in Toni Morrison's *Beloved* and *A Mercy*	2018
034	山东师范大学	英语语言文学	A Corpus-based Contrastive Study of the Politeness Strategies in English and Chinese Academic Book Reviews	2018
035	山东师范大学	英语语言文学	A Cognitive Study of Conceptual Metaphors in English Economic Reports	2017
036	山东师范大学	课程与教学论	A Study of the Effect of ESA Teaching Model on Non-English Majors' English Classroom Anxiety in Vocational College	2018
037	上海外国语大学	英语语言文学	A Corpus-Based Study on Translator's Style of Ken Liu	2018
038	上海外国语大学	英语语言文学	A Study on English Translation of *Tales of Hulan River* by Howard Goldblatt from the Perspective of Translation Variation Theory	2018

续表

序号	学校	研究方向	论文题目	年份
039	上海外国语大学	英语语言文学	Correlational Study of Metalinguistic Awareness and Chinese EFL Learners' Writing Performance	2017
040	上海外国语大学	英语语言文学	An Empirical Study on the Relationship Between Explicit Knowledge and Implicit Knowledge in Chinese Second Language Acquisition Learners	2017
041	上海外国语大学	英语语言文学	A Study of Pragmatic Failure in the Use of English by Chinese High School Students from the Perspective of Cultural Transfer	2017
042	上海外国语大学	英语语言文学	On the Relationship Between Chinese High School Students' Vocabulary Learning Strategies and Vocabulary Size	2017
043	广东外语外贸大学	外国语言学及应用语言学	What National Images of China are Constructed in News Discourse on the Belt and Road Initiative: A Comparative Analysis Based on Appraisal Theory	2016
044	广东外语外贸大学	外国语言学及应用语言学	The Effect of Pairwork on Text Cohesion on the Continuation Task	2016
045	广东外语外贸大学	外国语言学及应用语言学	A Probe into the Meaning-Construction and Publicity Effect of Anti-Pyramid-Selling Cartoons: From Multimodal Discourse Analysis Perspective	2016
046	广东外语外贸大学	外国语言学及应用语言学	Linguistic Complexity in the Continuation Task	2015
047	广东外语外贸大学	外国语言学及应用语言学	A Comparative Critical Discourse Analysis of China Smog-related News in *China Daily* and the *New York Times*	2015
048	广东外语外贸大学	外国语言学及应用语言学	ZPD-based Corrective Feedback and Language Complexity, Accuracy and Fluency	2015
049	广东外语外贸大学	外国语言学及应用语言学	A Study on the Adjectives' Grammatical Information in English-Chinese Learner's Dictionaries	2015
050	广东外语外贸大学	外国语言学及应用语言学	Integration of Cultural Information of Animal Idioms into English-Chinese Learners' Dictionaries	2015
051	广东外语外贸大学	外国语言学及应用语言学	A Pragmatic Study of Advice-giving in an Online Forum	2014

续表

序号	学校	研究方向	论文题目	年份
052	广东外语外贸大学	外国语言学及应用语言学	The Effect of Peer Interaction on Alignment in a Continuation Task	2014
053	广东外语外贸大学	英语语言文学	Narrative Strategies and Female Subjectivity in Jeanette Winterson's *Why Be Happy When You Could Be Normal*	2016
054	广东外语外贸大学	英语语言文学	Deconstruction of Binary Oppositions in Oscar Wilde's Fairy Tales	2016
055	广东外语外贸大学	英语语言文学	Comparative Study of Strong Wives and Weak Husbands in Marietta Holley's and James Thurber's Works	2016
056	广东外语外贸大学	英语语言文学	Irony in Daisy Miller	2015
057	广东外语外贸大学	英语语言文学	From Disgrace to Redemption-Lurie's Anxiety as a White Old Man in Coetzee's Disgrace	2017
058	华南理工大学	外国语言学及应用语言学	Metadiscourse as Promotion of Knowledge Claims in Research Articles	2018
059	华南理工大学	外国语言学及应用语言学	L2 Acquisition of Chinese Fictive Motion Constructions by English-speaking Learners	2017
060	华南理工大学	外国语言学及应用语言学	A Case Study of L2 Writing Development: Dynamic System Theory Approach	2017
061	华南理工大学	英语语言文学	A Study of Eileen Chang' Self-Translation Strategies from the Perspective of Transtextuality — A Case Study of *Little Finger Up*	2018
062	云南师范大学	外国语言学及应用语言学	A Cohesive Analysis of TED Education Speeches	2016
063	云南师范大学	外国语言学及应用语言学	A Cognitive Study on the Non-past Uses of the Simple Past Tense — A Mental Space Perspective	2015
064	云南师范大学	外国语言学及应用语言学	An Empirical Study of English Vocabulary Teaching in an Independent College from the Perspective of Task-based Approach	2014
065	云南师范大学	外国语言学及应用语言学	A Study of Language Transfer of Han and Dai Students in English Writing in a Junior High School from the Perspective of Memetics	2014
066	云南师范大学	英语语言文学	An Interpretation of Nineteen Eighty-Four in Light of Foucault's Theory of the Disciplinary Power	2016

续表

序号	学校	研究方向	论文题目	年份
067	云南师范大学	英语语言文学	A Study of the Themes and Language of *Sister Carrie* from the Perspective of Bakhtin's Carnival Theory	2015
068	电子科技大学	外国语言学及应用语言学	A Study on the Semantic Structure and Cognitive Mechanism of the Nicknames in Outlaws of the Marsh	2018
069	电子科技大学	外国语言学及应用语言学	A Cognitive-Narratological Approach to the Narrative Strategies in *Sandalwood Death*	2016
070	电子科技大学	外国语言学及应用语言学	The Compatibility Between Classical View of Categorization and Prototype Theory from the Perspective of Meaning Holism	2014
071	电子科技大学	外国语言学及应用语言学	An Action Research on Oral English Learning Strategies Training Through the Internet for Middle School Students	2014
072	电子科技大学	英语语言文学	Analysis of the Pastoral Disillusion in American Pastoral based on Maslow's Hierarchical Needs Theory	2018
073	电子科技大学	英语语言文学	Identity and Initiation—Analysis of Relationship Between Father and Son in *The Kite Runner*	2017
074	电子科技大学	英语语言文学	An Analysis on the English Translation of Conceptual Metaphors in *Big Breasts* and *Wide Hips* by Howard Goldblatt	2016
075	电子科技大学	英语语言文学	An Analysis of Oriental Theme of the Chinese-American Science-Fiction Writer Ken Liu's Typical Works	2016
076	湖南大学	外国语言学及应用语言学	A Comparative Study of the Syntax and Semantics of Mandarin Chinese Adverbs *Changchang* and *Wangwang*	2018
077	湖南大学	英语语言文学	An Interpretation of Ethical Identity of Characters' in Coetzee's *Disgrace*	2018
078	湖南大学	英语语言文学	A Reading of Ethan in *Ethan Frome* from the Perspective of Freudian Theory of Personality Structure	2018
079	西安外国语大学	外国语言学及应用语言学	L2 Acquisition of English Verbal Aspect by Chinese Senior High School Students	2018

续表

序号	学校	研究方向	论文题目	年份
080	西安外国语大学	外国语言学及应用语言学	Multi-Dimensional Adaptation and Selection—An Eco-Translatological Study on the English Translation of Chinese Dish Names	2016
081	西安外国语大学	外国语言学及应用语言学	A Study of Meaning Loss and Compensation in the Translation of Honorifics in the Subtitle of Empresses in the Palace—from the Perspective of Adaptation Theory	2016
082	西安外国语大学	外国语言学及应用语言学	Translators Are Not Invisible: A Case Study of C-E Translation of Hot Words on Internet (2012-2014)	2015
083	西安外国语大学	外国语言学及应用语言学	On Chinese Film Title Translation from the Perspective of Skopos Theory	2014
084	西安外国语大学	英语语言文学	Effect of Instructed Formulaic Sequences on Business English Writing Proficiency	2018
085	西安外国语大学	英语语言文学	Symbolism in James Joyce's Short Stories	2014
086	郑州大学	英语语言文学	Interpretation of Lindsey's Self-realization in *The Opposite of Me* from the Perspective of Jungian Archetype Theory	2016
087	郑州大学	英语语言文学	An Analysis of Pecola's Self-alienation in *The Bluest Eye* in Light of Gaze Theory	2016
088	郑州大学	英语语言文学	Sandra Cisneros' Construction of the Female Discourse in *The House on Mango Street*	2015
089	郑州大学	外国语言学及应用语言学	An Adaptation-theoretic Study of Verbal Impoliteness in Doctor-Patient Conflict	2015
090	郑州大学	外国语言学及应用语言学	A Study on the Relationship Among Thinking Styles, Vocabulary Learning Strategy and Vocabulary Proficiency	2014
091	兰州大学	外国语言学及应用语言学	The Cognitive Mechanisms of Chinese Natives and L2 Learners: Exploring the Implicature Processing Models	2017
092	兰州大学	外国语言学及应用语言学	A Corpus-based Comparative Study on Formulaic Sequences Between Chinese and British Senior High School Students' Written English	2017
093	兰州大学	外国语言学及应用语言学	Effects of Oral Corrective Feedback on Article Acquisition of Students with Different Foreign Language Anxiety	2016

续表

序号	学校	研究方向	论文题目	年份
094	兰州大学	外国语言学及应用语言学	A Relevance-theoretic Approach to Two Chinese Versions of *The Great Gatsby*	2016
095	兰州大学	英语语言文学	Deconstructions of the Binary Oppositions in *Mara and Dann: An Adventure*	2015
096	内蒙古大学	外国语言学及应用语言学	A Study of C-E Translation of Publicity Material from the Perspective of Eco-translatology—A Case Study of Insights into Chinese Culture	2018
097	内蒙古大学	英语语言文学	Black Women's Self-redemption—An Interpretation of Female Characters in Sula from the Perspective of Existentialist Feminism	2018
098	新疆大学	英语语言文学	An Interpretation of the Doll Image in *A Doll's House* from the Perspective of Literary Pragmatics	2016
099	新疆大学	英语语言文学	A Contrastive Study of the Semantic Extensions of Orientational Metaphors Between English and Chinese—Taking UP/DOWN and SHANG/XIA for Examples	2017
100	新疆大学	外国语言学及应用语言学	A Comparative Study of Syntactic Iconicity Between English and Chinese	2018

附录 2

学术搭配词表①

	A	
abstract concept	(be) actively involved	alternative strategy
academic achievement	acutely aware	anecdotal evidence
academic career	add information	annual conference
(in) academic circles	additional cost	annual meeting
academic community	additional information	annual rate
academic debate	additional problem	annual report
academic discipline	additional resources	annual review
academic discourse	additional support	apply equally
academic institution	address (an) issue	apply (a) method
academic journal	administrative practices	apply (the) theory
academic life	adopt (a) procedure	appropriate action
academic performance	adopt (an) approach	appropriate behavior
academic research	advanced economy	appropriate conditions
academic skills	advanced technology	appropriate data
academic study	adverse effect	appropriate form
academic success	adverse reaction	appropriate language
academic work	adversely affect	appropriate level
academic world	affect (the) outcome	appropriate point
academic writing	affect (the) development (of)	appropriate response

① 该表是 Ackermann 和 Chen（2013）创建的学术搭配词表（Academic Collocation List，ACL），共由 2468 个搭配词构成。该词表是基于皮尔森国际学术英语语料库的书面语篇（约 2500 万词），采用数据库驱动和专家判断的综合提取方法创建而成。

续表

academic year	allocate resources	appropriate skills
accept responsibility	allow access (to)	appropriate treatment
acceptable behavior	almost identical	appropriate way
accurate assessment	alternative approach	armed conflict
accurate description	alternative explanation	artificial intelligence
accurate information	alternative form	assess (the) impact (of)
accurate measurement	alternative interpretation	assessment process
accurate picture	alternative means	associated factors
accurate record	alternative method	assume responsibility
achieve (a) goal	alternative model	assume (the) role (of)
achieve (an) objective	alternative solution	atomic energy
achieve (an) outcome	alternative source	attend (a) conference
acquire knowledge	alternative view	available data
active involvement	alternative way	available evidence
active participant	ample evidence	available information
active participation	analytical approach	available resources
active role	analytical tool	average score
	B	
background knowledge	become independent	brief history
basic assumption	become involved (with/in)	brief introduction
basic component	become obvious	brief overview
basic concept	become visible	brief period
basic element	become widespread	brief review
basic function	become (a) source (of)	brief summary
basic information	become (the) focus (of)	brief time
basic premise	begin (a) process	briefly describe
basic principle	behave differently	briefly discuss
basic research	beneficial effect	broad agreement
basic structure	(be) best described (as, in terms of)	broad category
basic technique	binary opposition	broad definition

续表

bear resemblance (to)	binary system	(a) broad range (of)
become apparent	biological evolution	broad spectrum
become available	biological science	broader context
become aware	biological sex	(be) broadly defined
become blurred	brief account	broadly similar
become established	brief description	business sector
become evident	brief discussion	business transaction
	C	
capitalist country	collective action	contemporary world
capitalist economy	collective identity	contextual factors
capitalist society	collective memory	continued existence
capitalist system	combined effect	continued growth
capitalist world	come into conflict (with)	continued use
career development	come into contact (with)	continuous process
career opportunity	commercial activity	contribute significantly
careful analysis	commercial transaction	contribute to (the) development (of)
careful attention	commit (a) crime	controversial issue
careful consideration	commit (an) offence	conventional view
careful thought	common ancestor	conventional wisdom
(be) carefully controlled	common approach	convey information
(be) carefully selected	common assumption	convey meaning
carry information	common characteristic	convey (a) message
carry out research (of)	common culture	convincing evidence
carry out (the) task	common error	coping strategy
cast doubt (on)	common feature	core area
causal link	common goal	core element
causal relation	common method	core issue
causal relationship	common source	core skills
cause consequences	common theme	core value
cause stress	common usage	correct interpretation

续表

central concept	(be) commonly accepted	correct (an) error
central concern	(be) commonly associated (with)	counter argument
central control	(be) commonly called	cover (a) range (of)
central core	(be) commonly encountered	cover (a) topic
central feature	(be) commonly found (in)	cover (an) area
central focus	(be) commonly known (as)	create conditions
central government	(be) commonly referred (to) (as)	create opportunities
central importance	(be) commonly used	create problems
central issue	communicate effectively	create (an) environment
central part	comparative analysis	create (an) impression
central point	comparative research	create (an) opportunity
central position	comparative study	creative process
central problem	compelling argument	creative thinking
central question	compelling evidence	creative work
central role	compelling reason	criminal offence
central tenet	competitive market	critical analysis
central theme	competitive pressure	critical approach
certain aspect	complete (a) task	critical attention
certain assumptions	complex area	critical essay
certain characteristics	complex interaction	critical evaluation
certain circumstances	complex issue	critical examination
change constantly	complex pattern	critical factor
change dramatically	complex problem	critical importance
change rapidly	complex process	critical inquiry
change (an) attitude	complex question	critical introduction
changing attitudes	complex relationship	critical issue
changing circumstances	complex set	critical perspective
changing nature	complex situation	critical point
changing needs	complex structure	critical reflection
changing pattern	complex system	critical review

续表

changing world	comprehensive account	critical role
characteristic feature	comprehensive approach	critical scrutiny
chemical reaction	comprehensive overview	critical theory
civil case	comprehensive review	critical thinking
civil society	comprehensive system	critical writing
class consciousness	conceptual framework	critically evaluate
classic example	concerted effort	crucial difference
classic study	concluding remarks	crucial factor
classic text	concluding section	crucial importance
classic work	concluding probability	crucial part
classic theory	conduct research	crucial point
clear boundary	conduct (a) study	crucial question
clear distinction	conduct (a) survey	crucial role
clear evidence	conduct (an) analysis	cultural activity
clear focus	conduct (an) interview	cultural aspect
clear indication	conflict resolution	cultural attitudes
clear relationship	conflicting interests	cultural background
clear statement	consider appropriate	cultural boundary
clear structure	consider relevant	cultural change
(be) clearly defined	consider (a) possibility	cultural context
(be) clearly demonstrated	consider (an) aspect	cultural differences
(be) clearly established	consider (an) issue	cultural dimension
clearly evident	consider (the) impact (of)	cultural diversity
(be) clearly identified	consider (the) implications	cultural factors
clearly important	consider (the) role (of)	cultural heritage
(be) clearly related (to)	(a) considerable amount (of)	cultural history
clearly understand	considerable attention	cultural identity
clearly visible	considerable debate	cultural influence
climate change	(a) considerable degree (of)	cultural institution
climatic conditions	(in) considerable detail	cultural issue

续表

close contact	considerable effort	cultural life
close proximity	considerable evidence	cultural norm
close relationship	(to a) considerable extent	cultural perspective
close scrutiny	(be of) considerable importance	cultural phenomenon
(be) closely allied (to, with)	considerable influence	cultural practice
(be) closely associated (with)	considerable interest	cultural significance
(be) closely connected (to, with)	considerable research	cultural theory
(be) closely linked (to, with)	considerable support	cultural tradition
(be) closely related (to)	considerable variation	cultural values
closely resemble	consistent pattern	culturally specific
(be) closely tied	consistent results	current climate
(upon, on) closer examination	constant rate	current issue
(on/upon) closer inspection	constituent elements	current policy
closer look	constituent parts	current research
cognitive ability	contain information	current status
cognitive development	contain (an) element	current technology
cognitive skills	contemporary debate	current trend
collaborative learning	contemporary issue	currently available
collect data	contemporary life	
collect information	contemporary society	
	D	
daily living	develop (a) strategy	discuss (an) issue
data gathering	develop (a) technique	disposable income
data set	develop (a) theory	distinct group
deal (with an) issue	develop (an) approach	distinct type
deem appropriate	develop (an) argument	distinctive feature
deem necessary	developmental process	distinguishing feature
(a) deep understanding (of)	developmental stage	diverse background
(at/on a) deeper level	diagnostic test	diverse group
(be) deeply embedded	differ considerably	(a) diverse range (of)

续表

(be) deeply rooted	differ significantly	dividing line
defining characteristic	differ widely	documentary evidence
defining concept	digital information	domestic market
defining feature	digital media	domestic sphere
deliberate attempt	digital technology	domestic violence
democratic institution	direct access	dominant culture
democratic process	direct communication	dominant discourse
democratic society	direct consequences	dominant form
democratic state	direct contact	dominant group
demographic change	direct evidence	dominant ideology
demographic characteristics	direct impact	dominant paradigm
demographic factor	direct involvement	dominant position
demonstrate competence	direct link	dominant role
(be) densely populated	direct observation	dramatic change
deny access (to)	direct relationship	dramatic effect
dependent variable	direct role	dramatic increase
describe (a) method	directly affect	draw attention (to)
describe (a) process	(be) directly affected	draw (a) conclusion
describe (a) procedure	(be) directly connected (to, with)	draw (a) distinction
descriptive statistics	(be) directly involved (in)	draw (a) line
desired outcome	(be) directly linked (to, with)	diving force
detailed analysis	(be) directly proportional (to)	due process
detailed examination	(be) directly related (to)	dynamic equilibrium
detailed information	(be) directly responsible (for)	dynamic nature
detailed study	disclose information	dynamic process
develop (a) method	discuss (a) topic	dynamic system
	E	
earlier discussion	effective policy	established order
earlier period	effective treatment	established practice
earlier research	electronic access	established principle

续表

earlier stage	electronic communication	ethical consideration
earlier study	electronic media	ethical dilemma
earlier times	electronic resources	ethical issue
earlier version	electronic version	ethical principle
earlier work	emotional impact	ethical problem
early decades	emotional intelligence	ethical question
early study	emotional reaction	ethnic community
easily accessible	emotional response	ethnic differences
(be) easily identified	emotional support	ethnic diversity
(be) easily understood	empirical data	ethnic group
easy access	empirical evidence	ethnic identity
economic activity	empirical investigation	ethnic minority
economic affairs	empirical research	ethnic origin
economic analysis	empirical study	ever changing
economic benefits	empirical support	ever increasing
economic change	empirical work	evolutionary process
economic conditions	employ (a) method	evolutionary theory
economic consequences	employ (a) technique	examine (the) role (of)
economic context	employment opportunities	exceptional case
economic crisis	encounter difficulties	exceptional circumstances
economic exploitation	encounter problems	exercise authority
economic factors	encourage (the) development (of)	existing data
economic forces	engage in (an) activity	existing research
economic goal	enhance learning	existing structure
economic growth	enhance performance	expand rapidly
economic inequality	(an) enormous amount (of)	experience difficulties
economic integration	enormous impact	experience problems
economic interests	entire period	experiential learning
economic policy	(the) entire range (of)	experimental conditions
economic power	entirely clear	experimental data

续表

economic prosperity	entirely different	experimental design
economic reform	entirely new	experimental evidence
economic relations	environmental changes	experimental method
economic relationships	environmental concern	experimental research
economic resources	environmental consequences	experimental results
economic sector	environmental damage	experimental study
economic stability	environmental degradation	experimental work
economic status	environmental effects	expert opinion
economic structure	environmental factors	explanatory power
economic success	environmental impact	explore further
economic system	environmental issues	explore (an) issue
economic theory	environmental policy	extended period
economic value	environmental pollution	extensive research
economic welfare	environmental protection	(be) extensively used
educational institution	equal access	external environment
educational opportunity	equal opportunity	external factors
educational policy	equal status	external forces
educational programme	equal treatment	external influences
educational provision	equally important	external source
educational qualification	equally likely	external threat
educational research	equally true	external world
educational setting	equally valid	extract data
educational system	essential component	extract information
effective communication	essential element	extremely complex
effective implementation	essential feature	extremely powerful
effective intervention	essential function	extremely sensitive
effective management	essential information	extremely useful
effective method	essential role	extremely valuable
effective participation	establish (a) relationship	

续表

	F	
face difficulties	financial market	full employment
face discrimination	financial problem	full information
face (a) challenge	financial resources	full participation
face (a) dilemma	financial support	full potential
face (a) problem	find evidence	(a, the) full range (of)
facial expression	find information	fuller discussion
facilitate (the) development (of)	finite number	fully aware
factual information	(be) firmly established	(be) fully developed
fair treatment	first author	(be) fully informed
fairly clear	first contact	(be) fully integrated
fairly common	first draft	(be) fully realized
fairly obvious	first encounter	fully understand
fairly straightforward	first generation	functional requirement
fall into (the) category (of)	first impression	fundamental aspect
(be) far removed (from)	first phase	fundamental assumption
federal agency	first priority	fundamental change
federal government	flexible approach	fundamental component
federal state	focal point	fundamental difference
feminist movement	focus attention (on)	fundamental importance
field research	focus on (an) aspect	fundamental principle
final analysis	follow (a) format	fundamental problem
final answer	follow (a) procedure	fundamental question
final chapter	follow instructions	fundamentally different
final decision	following chapter	further analysis
final outcome	foreign currency	further consideration
final phase	foreign investment	further development
final point	foreign investor	(be) further divided (into)
final position	foreign policy	further explanation
final product	formal structure	further information

续表

final result	free access	further investigation
final section	free movement	further research
final stage	freely available	future study
final step	(be) frequently cited	future development
final version	(be) frequently found	future prospects
financial affairs	(be) frequently referred (to)	future research
financial assistance	(be) frequently used	future study
financial institution	fulfill (an) obligation	
financial management	full analysis	
	G	
gain access (to)	geographic(al) location	global trade
gain information	get involved (with/in)	global village
gain insight (into)	give access (to)	government control
gather data	give consent	government department
gather information	give consideration	government expenditure
gender equality	give emphasis	government intervention
gender stereotype	give evidence	government policy
gender agreement	give feedback	graphical representation
general approach	give priority (to)	great accuracy
general argument	give guidance	great diversity
general aspect	give information	great impact
general category	give insight (into)	great majority
general conclusion	give (a) presentation	great potential
general consensus	give (an) explanation	(a) great proportion (of)
general definition	give (an) indication (of)	(a) great range (of)
general feature	give (an) overview (of)	great significance
general formula	give (sb. an) impression	greater autonomy
general overview	give (sb.) treatment	greater awareness
general principle	given information	greater emphasis
general statement	given period	greater equality

续表

general tendency	global capitalism	greater flexibility
general theory	global context	greater likelihood
general trend	global culture	greatly enhance
(be) generally accepted	global economy	greatly increase
generally agree	global issue	(be) greatly influenced (by)
(be) generally assumed	global market	(be) greatly reduced
(be) generally considered	global marketplace	grow rapidly
(be) generally found	global media	growing awareness
(be) generally known (as, by)	global network	growing trend
genetic variation	global perspective	guiding principle
geographic(al) area	global shift	
geographic(al) distribution	global structure	
	H	
hardly surprising	high value	historical account
have access (to)	high(er) frequency	historical analysis
have consequences	(a) higher degree (of)	historical background
have limitations	higher education	historical change
have potential	(be) highly charged	historical circumstances
have (a) strategy	highly competitive	historical context
have (a) tendency (to)	highly complex	historical data
have (an) obligation	highly controversial	historical development
heated debate	(be) highly correlated (with)	historical event
(be) heavily influenced (by)	highly critical	historical evidence
hierarchical structure	highly dependent	historical factors
high concentration	highly desirable	historical interpretation
high correlation	(be) highly developed	historical knowledge
high expectations	(be) highly educated	historical period
high incidence	highly effective	historical perspective
high intensity	highly efficient	historical reality
high level	highly influential	historical record

续表

high order	highly likely	historical roots
high percentage	highly problematic	historical study
high priority	highly relevant	historical writing
high probability	highly selective	historically specific
high profile	highly sensitive	hold (a) conference
(a) high proportion (of)	highly significant	holistic approach
high quality	highly skilled	homogeneous group
high rate	highly sophisticated	(a) huge amount (of)
high score	(be) highly structured	human activity
high standard	highly successful	human behavior
high status	highly unlikely	human interaction
high turnover	(be) highly valued	human society
high unemployment	highly variable	human species
	I	
(be) ideally suited	increasingly aware	initial period
identify factors	increasingly common	initial phase
identify features	increasingly complex	initial position
identify (a) problem	increasingly difficult	initial research
identify (a) way	increasingly important	initial stage
identify (an) area	increasingly popular	institutional arrangement
identify (an) issue	increasingly sophisticated	institutional context
immediate environment	independent state	institutional framework
immediately apparent	independent variable	institutional structure
immediately following	indigenous people	institutional support
immediately obvious	indigenous population	integral part
immediately preceding	individual behavior	integrated approach
imported goods	individual capitalism	integrated system
imported products	individual case	intellectual property
impose constraints	individual characteristics	intellectual work
impose limitations	individual choice	intensive study

续表

impose restrictions	individual component	interested party
improved performance	individual country	internal affairs
increase awareness	individual development	internal conflict
increase dramatically	individual differences	internal control
increase (the) likelihood	individual element	internal market
increased awareness	individual experience	internal organ
increased competition	individual interests	internal structure
increased demand	individual item	international agreement
increased importance	individual needs	international body
increased interest	individual production	international community
increased level	individual response	international conference
increased number	individual responsibility	international context
increased pressure	individual rights	international journal
increased production	individual society	international organization
increased productivity	individual variable	international treaty
increased risk	individual variation	internet access
increasing awareness	individualized country	interpersonal relationships
increasing complexity	individualized nation	interpersonal skills
increasing demand	(be) inextricably linked(to, with)	interpret data
increasing emphasis	infinite number	intimate relationship
increasing importance	information flow	(be) intimately connected (to, with)
increasing interest	information gathering	intrinsic value
increasing pressure	information processing	introduce legislation
increasing proportion	information retrieval	introductory chapter
increasing tendency	information sharing	introductory section
increasing trend	informed consent	introductory text
	K	
keenly aware	key factor	key principle
key area	key feature	key role
key aspect	key findings	key source

续表

key characteristic	key issue	key text
key component	key objective	key theme
key concept	key player	key topic
key element	key policy	
	L	
large majority	legal protection	living organism
large percentage	legal requirement	living standard
large portion	legal right	local area
(a) large proportion (of)	legal rule	local authority
large quantities (of)	legal status	local circumstances
(a) large range (of)	legal system	local community
(be) largely based (on)	legislative measures	local culture
(be) largely confined (to)	legislative power	local economy
(be) largely determined (by)	liberal democracy	local government
(be) largely ignored	lifelong learning	logical approach
(be) largely responsible (for)	likely impact	logical argument
later work	likely outcome	logical conclusion
later writings	limited access	long duration
lead to (the) conclusion	limited capacity	long established
leading role	limited information	longitudinal study
learning activity	limited opportunity	low income
learning difficulties	(a) limited range (of)	low intensity
learning environment	limited resources	low level
learning objective	linear relationship	low percentage
learning outcome	literal interpretation	low priority
learning process	literal meaning	low probability
learning resources	(in a) literal sense	low profile
learning strategy	literary text	low quality
legal action	literary tradition	low status
legal basis	little evidence	low turnover

续表

legal framework	little impact	low unemployment
legal issue	little information	low(er) frequency
legal obligation	little research	lower class
legal position	little significance	
legal proceedings	living conditions	
	M	
main area	major theme	mental health
main argument	make adjustments	mental illness
main category	make arrangements	mental state
main characteristics	make available	methodological approach
main component	make aware	methodological issue
main element	make contact	methodological problem
main factor	make (a) contribution	metropolitan area
main feature	make explicit	middle income
main findings	make policy	middle management
main focus	make provision	migrant worker
main function	make visible	military action
main issue	make (a) comment	military force
main principle	make (a) distinction	military power
main source	make (a) living	military service
main task	make (a) prediction	minimum level
main theme	make (a) recommendation	minimum requirement
(be) mainly concerned (with)	make (a) statement	minimum standard
maintain contact	make (a) transition	minimum value
major advantage	make (an) argument	minimum wage
major area	make (an) assessment	minor change
major cause	make (an) assumption	minor role
major challenge	make (an) impact	minority group
major change	make (an) impression	missing data
major component	make (an) observation	modern culture

续表

major concern	make (a) judgement	modern method
major contribution	male dominance	modern society
major decision	manual worker	modern technology
major difference	manufacturing sector	modified form
major factor	marked contrast	modified version
major feature	(be) markedly different	moral dilemma
major focus	maximum duration	moral philosophy
major impact	mean score	moral principle
major implications	(in a) meaningful way	multiple identities
major influence	media coverage	multiple sources
major issue	medical assistance	municipal government
major part	medical treatment	mutual recognition
major problem	meet criteria	mutual support
major reason	meet expectations	mutual trust
major role	meet (a) requirement	mutual understanding
major shift	meet (a) target	mutually exclusive
major source	meet (an) objective	
	N	
narrow definition	natural language	new initiative
(a) narrow range (of)	natural law	new insight
national average	natural order	new perspective
national boundary	natural philosophy	newly acquired
national conference	natural process	newly created
national culture	natural resources	newly discovered
national economy	natural right	newly emerging
national government	natural science	newly established
national identity	natural tendency	newly formed
national income	natural world	next decade
national institution	naturally occurring	next generation
national interest	necessary information	next phase

续表

national language	negative aspect	normal conditions
national legislation	negative attitude	normal development
national market	negative connotation	normal distribution
national media	negative consequences	normal practice
national movement	negative correlation	notable exception
national policy	negative effect	nuclear energy
national press	negative feedback	nuclear family
national security	negative impact	nuclear power
national survey	negative outcome	nuclear war
native speaker	negative side	nuclear weapon
natural conditions	negative stereotype	numerical data
natural disaster	negative value	numerical value
natural environment	negative view	numerous studies
natural history	(be) negatively correlated (with)	
	O	
objective criteria	online database	original position
objective reality	online journal	original research
obtain data	online version	original source
obtain information	open access	original text
obtain (a) result	opening chapter	original version
obvious difference	opening section	original work
obvious example	opinion leader	(be) originally developed
obvious point	optimal solution	(be) originally intended
obvious reason	oral history	overall aim
occur frequently	oral presentation	overall effect
occur naturally	organizing principle	overall level
offer insight (into)	organizational structure	overall performance
offer (an) opportunity	original author	overall picture
official statistics	original context	overall rate
once established	original data	overall structure

续表

ongoing debate	original intent	overwhelming majority
ongoing process	original meaning	
online access	original model	
	P	
paid employment	political reform	primary purpose
(be of) paramount importance	political representation	primary reason
particular area	political significance	primary research
particular aspect	political spectrum	primary responsibility
particular emphasis	political stability	primary source
particular feature	political status	primary task
particular focus	political structure	prime example
particular individual	politically correct	prime time
particular meaning	(be) politically motivated	principal source
particularly acute	(be) poorly understood	prior experience
particularly apparent	popular culture	prior knowledge
particularly appropriate	popular media	private individual
(be) particularly concerned (with)	pose(a) challenge	private investment
particularly effective	pose (a) problem	private sector
(be) particularly evident	pose (a) question	private sphere
particularly influential	pose (a) threat (to)	privileged position
particularly relevant	positive action	problem area
particularly sensitive	positive aspect	process data
particularly significant	positive attitude	process information
particularly striking	positive connotation	professional activity
particularly successful	positive correlation	professional body
(be) particularly suited (to)	positive discrimination	professional colleague
particularly useful	positive effect	professional development
particularly valuable	positive feature	professional experience
(be) partly responsible (for)	positive feedback	professional knowledge
party leader	positive image	professional practice

续表

past research	positive impact	professional qualification
peace treaty	positive influence	professional staff
perceived importance	positive outcome	professional standard
perceived need	positive relationship	professional status
perceived threat	positive result	professional support
perform (a) function	positive value	professional training
perform (a) study	positive view	professional work
perform (a) task	(be) positively associated (with)	profound effect
personal choice	(be) positively correlated (with)	profound impact
personal circumstances	possible consequences	prominent feature
personal communication	possible explanation	prominent member
personal contact	possible outcome	prominent role
personal control	possible source	promote equality
personal experience	potential benefits	promote (the) development (of)
personal information	potential conflict	(be) properly understood
personal interest	potential customer	proposed legislation
personal knowledge	potential harm	prove successful
personal quality	potential impact	prove useful
personal relationship	potential problem	provide access (to)
personal responsibility	potential risk	provide assistance
personal safety	potential source	provide care
personal space	potential value	provide context
physical activity	potentially dangerous	provide coverage
physical appearance	powerful force	provide data
physical characteristics	powerful group	provide evidence
physical contact	powerful influence	provide feedback
physical development	powerful tool	provide guidance
physical environment	practical consideration	provide information
physical features	practical difficulties	provide material
physical health	practical issues	provide resources

续表

physical needs	practical significance	provide support
physical presence	preceding chapter	provide feedback
physical properties	preceding discussion	provide insight (into)
physical proximity	preceding section	provide (a) benefit
physical science	precise definition	provide (a) clue
physical space	precise nature	provide (a) focus
physical symptom	predictive power	provide (a) foundation (for)
physical world	preferential treatment	provide (a) service
pilot study	preliminary data	provide (a) source
pioneering work	preliminary findings	provide (a) summary
pivotal role	preliminary result	provide (an) alternative
place emphasis	premature death	provide (an) example
planning stage	present context	provide (an) explanation
plausible explanation	present data	provide (an) illustration
play (a) role (in)	present difficulties	provide (an) indication (of)
political activism	present evidence	provide (an) opportunity
political activity	present (a) challenge	provide (an) overview (of)
political agenda	present (a) summary	public access
political arena	present (an) argument	public administration
political authority	presidential election	public attitudes
political circumstances	previous chapter	public authority
political climate	previous decade	public awareness
political conflict	previous discussion	public debate
political consciousness	previous experience	public discourse
political consensus	previous generation	public display
political consequences	previous knowledge	public domain
political consideration	previous paragraph	public expenditure
political context	previous part	public funds
political culture	previous research	public image
political debate	previous section	public institution

续表

political dimension	previous study	public perception
political economy	previous work	public policy
political environment	previously described	public sector
political factors	previously discussed	public sphere
political identity	previously known	public transport
political ideology	previously mentioned	public welfare
political implications	previously thought	publicly available
political instability	(be) primarily concerned (with)	publish research
political institution	(be) primarily responsible (for)	publish (a) journal
political leader	primary aim	publish (a) report
political mobilization	primary care	publish (an) article
political movement	primary concern	published literature
political organization	primary data	published material
political participation	primary education	published research
political party	primary focus	published work
political philosophy	primary function	purchasing power
political reality	primary objective	
	Q	
qualitative analysis	qualitative study	quantitative method
qualitative approach	qualitatively different	quantitative research
qualitative data	quantitative analysis	quantitative result
qualitative method	quantitative approach	quantitative study
qualitative research	quantitative data	
	R	
racial difference	reduce stress	religious group
racial discrimination	reduce (the) likelihood	religious identity
racial equality	reflective practice	religious movement
racial group	reflective question	religious practice
racial stereotype	regional development	rely heavily (on)
radical change	regional differences	remain constant

续表

radical critique	regional variation	remain stable
radical differences	regulatory agency	remain unchanged
radical transformation	regulatory framework	remain unclear
radically different	related activity	remarkably similar
raise awareness	related area	renewable energy
raise (a) question	related aspect	renewed interest
raise (an) issue	related factor	religious freedom
random error	related information	report data
random sample	related issue	report findings
random variable	related problem	representative government
(be) randomly assigned (to)	related question	require consideration
(be) randomly chosen	related topic	require knowledge
(be) randomly selected	relative autonomy	require resources
rapid expansion	relative merits	research effort
rapidly changing	relative status	research evidence
rapidly growing	relatively common	research findings
raw data	relatively constant	research methodology
reach (a) consensus	relatively few	(for) research purposes
reach (a) peak	relatively high	research topic
reach (an) agreement	relatively little	resolve (a) conflict
readily accessible	relatively low	resolve (a) dispute
readily available	relatively minor	respond appropriately
(be) readily understood	relatively rare	review (a) study
ready access	relatively recent	revised edition
real issue	relatively simple	revised version
receive feedback	relatively stable	rich source
receive information	relatively straightforward	rising cost
receive treatment	relevant data	risk assessment
recent decades	relevant factors	roughly equal
recent evidence	relevant information	roughly equivalent

续表

recent research	relevant issue	ruling class
recent study	relevant literature	ruling party
recent survey	relevant material	rural area
reciprocal relationship	reliable data	rural community
record data	reliable information	rural economy
recurrent theme	religious belief	rural population
reduce emissions	religious faith	rural society
	S	
safe sex	significantly increase	specific example
salient characteristic	(be) significantly reduced	specific factor
salient feature	similar approach	specific feature
scarce resources	similar argument	specific focus
schematic representation	similar characteristics	specific form
scholarly journal	similar effect	specific function
scholarly literature	similar issue	specific information
scholarly research	similar pattern	specific issue
scholarly work	similar properties	specific knowledge
scientific community	similar result	specific meaning
scientific discourse	similar situation	specific needs
scientific evidence	simple majority	specific problem
scientific investigation	simplified version	specific purpose
scientific method	single currency	specific question
scientific objectivity	single element	specific reference
scientific research	single entity	specific sense
scientific theory	single individual	specific type
secondary data	single issue	(be) specifically designed (to, for)
secondary education	single source	standard approach
secondary source	single variable	standard error
security policy	skilled worker	standard format
seek help	slightly different	standard method

续表

seek information	slightly higher	stark contrast
seem appropriate	slow process	start (a) process
seem obvious	small fraction	state explicitly
seem plausible	small minority	state sector
seem unlikely	small percentage	statistical analysis
seminal study	small portion	statistical data
seminal work	(a) small proportion (of)	statistical information
senior management	small quantities (of)	statistical method
separate entity	social activity	statistical significance
serious challenge	social aspect	statistical technique
serious consequences	social attitudes	statistical test
serious offence	social background	statistically significant
serve (a) function	social behavior	store data
service sector	social circumstance	store information
set (a) goal	social conflict	strategic decision
set (a) target	social consequences	strategic importance
set (an) objective	social construct	strategic management
set (the) agenda	social contact	strategic objective
set (the) parameters	social context	strategic planning
severely affect	social democracy	stress level
sexual abuse	social dimension	striking contrast
sexual act	social environment	striking example
sexual behavior	social equality	striking feature
sexual contact	social exclusion	strong bond
sexual difference	social expectations	strong correlation
sexual exploration	social factors	strong emphasis
sexual identity	social function	strong evidence
sexual intercourse	social identity	strong link
sexual orientation	social implications	strong reaction
sexual violence	social inequality	strong relationship

续表

share information	social institution	strong tendency
shared experience	social integration	strongly agree
shared meaning	social interaction	(be) strongly associated (with)
shared values	social isolation	(be) strongly correlated (with)
sharp contrast	social mobility	strongly disagree
sharp distinction	social movement	(be) strongly influenced (by)
shift emphasis	social norm	(be) strongly linked
short duration	social organization	(be) strongly opposed
short period	social phenomenon	(be) strongly related (to)
show evidence	social policy	strongly suggest
show variation	social reform	structural adjustment
show (a) tendency	social relationship	structural change
show (a) trend	social responsibility	structural element
sign (a) treaty	social setting	structural feature
(a) significant amount (of)	social significance	structural properties
significant change	social status	subject area
significant contribution	social structure	subsequent analysis
significant correlation	social theory	subsequent chapter
(a) significant degree (of)	social transformation	subsequent development
significant development	social trend	subsequent study
significant difference	social welfare	subsequent work
significant effect	socially acceptable	(a) substantial amount (of)
significant factor	(be) socially constructed	substantial difference
significant feature	socially desirable	substantial evidence
significant figures	socially responsible	substantial number
significant growth	socioeconomic status	substantial part
significant impact	solar energy	substantially different
significant improvement	solar panel	successful implementation
significant increase	solar power	sufficient condition
significant influence	solar system	sufficient detail

续表

significant interaction	source material	sufficient evidence
significant number	sovereign state	sufficient information
significant part	(be) sparsely populated	sufficient resources
significant portion	special circumstances	superior performance
(a) significant proportion (of)	special emphasis	support (an) argument
significant reduction	special issue	supporting evidence
significant relationship	special relationship	survey data
significant role	special status	symbiotic relationship
significant shift	specific area	systematic analysis
significant variation	specific aspect	systematic approach
significantly affect	specific case	systematic study
(be) significantly correlated (with)	specific characteristic	
significantly higher	specific context	
	T	
tacit knowledge	technological change	thought process
take initiative	technological development	(be) tightly controlled
take precedence (over)	technological innovation	top management
take responsibility	technological progress	total income
take (a) role (in)	test score	totally different
take (an) approach	test (a) theory	traditional approach
take into consideration	textual analysis	traditional culture
take on (the) role (of, as)	thematic analysis	traditional form
take up (the) role (of, as)	theoretical approach	traditional method
target audience	theoretical basis	traditional practice
teaching strategy	theoretical concept	traditional research
technical aspect	theoretical debate	traditional society
technical assistance	theoretical framework	traditional value
technical detail	theoretical issue	traditional view
technical expertise	theoretical model	transferable skill
technical issue	theoretical perspective	transmit data

续表

technical knowledge	theoretical study	transmit information
technical problem	theoretical understanding	transport system
technical skill	theoretical work	treat differently
technical support	think differently	treat equally
technical term	thinking process	typical example
technological advances	third party	
	U	
ultimate goal	(be) universally accepted	use (a) source
undergo transformation	unlimited access	use (a) strategy
underlying assumption	unskilled worker	use (a) technique
underlying cause	urban area	use (a) theory
underlying principle	urban center	use (an) approach
underlying process	urban design	use (the) analysis
underlying reason	urban development	use (the) definition
underlying structure	urban environment	use (the) concept
undertake research	use criteria	use (the) data
undertake work	use effectively	useful information
undertake (an) activity	use resources	useful martial
unequal power	use sparingly	useful means
unfair treatment	use statistics	useful source
unintended consequences	use (a) format	useful summary
unique individual	use (a) method	useful tool
unique opportunity	use (a) methodology	
unique position	use (a) procedure	
	V	
valid argument	vast area	virtually impossible
valuable information	(a) vast array (of)	visual image
valuable resources	vast majority	visual media
various aspects	vast number	visual perception
vary considerably	vast quantities (of)	visual representation

续表

vary greatly	(a) vast range (of)	vital importance
vary significantly	verbal communication	vital part
vary widely	verbal language	vital role
varying degree	vested interest	vulnerable group
(a) vast amount (of)	virtual community	
	W	
welfare reform	wide variation	wider community
well aware	(be) widely accepted	wider context
well designed	(be) widely adopted	wider implications
(be) well documented	widely available	wider issue
well educated	(be) widely believed	wider public
(be) well established	widely different	wider society
well received	(be) widely discussed	widespread acceptance
Western democracy	(be) widely dispersed	widespread belief
Western society	(be) widely distributed	widespread support
Western tradition	(be) widely known	widespread use
whole area	widely read	work effectively
whole period	(be) widely recognized (as)	written comment
(a) whole range (of)	(be) widely regarded	written communication
wide area	widely shared	written statement
(a) wide array (of)	(be) widely used	
(a) wide range (of)	wider audience	
	Y	
younger generation		

附录 3

学术写作核心程式语表①

第一组：参考指示程式语（Referential Expressions）

（1）属性指定（Specification of Attributes）

（a）无形框架属性（Intangible Framing Attributes）

(a / the) form of	(in) such a (way)	the distribution of
(as) a function (of)	(in) terms of (the)	the existence of
based on (a / the)	in which the	the role of
focus on the	is based on (the)	(the) fact that (the)
form of the	nature of the	the idea that
the study of	of the fact	the issue of
in terms of a	(on) the basis (of)	the meaning of
in relation to	the ability to	the nature of (the)
in response to	the concept of	the notion of
(in) the case (of)	the context of	the order of
in the context (of)	the definition of	the presence of (a)
in the sense (that)	the work of	an attempt to
in the course of	on the basis of the	the use of
in the form of	on the part of	by virtue of
in this case the	to the fact that	degree to which

① 该表是由 Simpson-Vlach 和 Ellis（2010）基于大规模学术文本语料库创建的学术写作核心程式语表（Academic Formulas List，AFL）。该词表包含 3~5 词的语块，并按语篇功能（参考指示、立场表达、文本组织）进行分类。

续表

in sight into the	with regard to	in accordance with (the)
the problem of	the structure of	(in) such a way that
the process of	(the) way(s) in (which)	depend (ing / s) on the
the question of	the way that	in the absence of
(the) extent to which	the development of	with respect to (the)
(are / was) based on	(from) (the) point of view (of)	point of view

（b）有形框架属性（Tangible Framing Attributes）

(as) part of (a / the)	the change in	(the) part(s) of the
the amount of	the frequency of	the rate of
the area of	the level of	the sum of
(the) size of (the)	(the) value of (the)	

（c）数量规格（Quantity Specification）

a list of	(a / large / the) number of	both of these
a series of	and the second	each of (the / these)
a set of	of (the / these) two	there are three
little or no	in some cases	there are no
in a number of	(the) total number (of)	there are several
in most cases	of the second	the first is
a high degree	a large number (of)	(a) wide range (of)

（2）识别与重点（Identification and Focus）

a variety of	is for the	it is not
(an / the) example of (a)	is not (a / the)	means that the
as an example	is that (it / the / there)	referred to as
different types of	is the case	such as the
here is that	is to be	that in (a / the)
if this is	it can be	that is the
it does not	that there [are / is (a)]	which is (not / the)
it has been	that there is no	this does not

续表

none of these	there has been	this means that
that it is not	they (did / do) not	which can be
does not have	has also been	his or her
(as) can be seen (in)	this would be	this type of
this is (a / an / not)	there is (a /an / no)	that we are
that this is		

（3）对照与比较（Contrast and Comparison）

and the same	different from the	is much more
as opposed to	exactly the same	related to the
associated with the	have the same	the same as
is more likely	be related to the	(in /of / with) the same
(the) same way as	between the two	(the) similar to those
(on) the other (hand)	(the) difference between (the)	the relationship between

（4）指示词与方位词（Deictics and Locatives）

a and b	the real world	of the system
at this stage	b and c	the United Kingdom
at the time of		

（5）模糊标记（Vagueness Markers）

and so on		

第二组：立场表达程式语（Stance Expressions）

（1）模糊限制语（Hedges）

(more) likely to (be)	(it / there) may be	may not be
appear(s) to be	at least in	is likely to (be)
are likely to	does not appear	it appears that
as a whole	to some extent	it is likely that
less likely to		